# Scheitern

In der Sicht auf Psychopathologie und Therapie

von

Christian Scharfetter

Verlag Wissenschaft & Praxis

**Bibliografische Information der Deutschen Nationalbibliothek**

Die Deutsche Nationalbibliothek verzeichnet diese Publikation in der Deutschen Nationalbibliografie; detaillierte bibliografische Daten sind im Internet über http://dnb.d-nb.de abrufbar.

ISBN 978-3-89673-602-4

© Verlag Wissenschaft & Praxis
Dr. Brauner GmbH 2012

D-75447 Sternenfels, Nußbaumweg 6
Tel. +49 7045 930093  Fax +49 7045 930094
verlagwp@t-online.de  www.verlagwp.de
Druck und Bindung: Esser Druck GmbH, Bretten

Alle Rechte vorbehalten

Das Werk einschließlich aller seiner Teile ist urheberrechtlich geschützt. Jede Verwertung außerhalb der engen Grenzen des Urheberrechtsgesetzes ist ohne Zustimmung des Verlages unzulässig und strafbar. Das gilt insbesondere für Vervielfältigungen, Übersetzungen, Mikroverfilmungen und die Einspeicherung und Verarbeitung in elektronischen Systemen.

# Inhalt

| | |
|---|---|
| Vorwort | 6 |
| Scheitern – das Wort | 9 |
| Scheitern kann nur der Mensch | 10 |
| Scheitern – Ausgang philosophischer Suche und Hilfe | 11 |
| **Scheitern – Risiko auf dem Lebensweg** | 13 |
| Wer Scheitern sucht, wird fündig | 18 |
| Anfragen an das Denken | 20 |
| Scheitern in Religionen | 42 |
| Scheitern am „Wissen" | 43 |
| Heilsame Skepsis | 52 |
| Scheitern der Menschheit, des Einzelnen | 61 |
| Disposition zum Scheitern | 65 |
| Wirkungen und Folgen des Scheiterns | 66 |
| Verarbeitungsweisen | 67 |
| **Scheitern im Blick auf die Psychopathologie** | 69 |
| Dissoziative Störungen | 77 |
| Scheitern des Ich bei Schizophrenien | 89 |
| Suizid | 125 |
| Psychose – ein transnosologischer Begriff | 126 |
| **Scheitern im Blick auf Therapien** | 131 |
| Was heisst Therapie, woran setzt sie an? | 131 |
| Was kann der Patient als Therapie annehmen? | 135 |
| Scheitern von Therapien – Patientenseite | 137 |
| Scheitern von Therapien – Therapeutenseite | 139 |
| **Schluss** | 143 |
| **Nachwort** | 145 |
| **Literatur** | 149 |
| **Index** | 159 |

## Vorwort

Scheitern heisst Zerbrechen, Zersplittern. Scheitern meint im heutigen Sprachgebrauch nicht so sehr Objekte (wie das Holzscheit, das Boot), sondern Scheitern wird Menschen zugeschrieben, deren Vorhaben oder Unternehmungen (Projekte, Laufbahn) misslingen oder deren Selbstgestaltung unsicher, zerbrechlich bleibt oder die gar in ihrem Selbstbestand als autonome Individuen temporär oder dauerhaft desintegrieren und dysfunktionell werden. Es geht um Schwäche, Versagen am eigenen Selbstanspruch, in der eigenen Selbsteinschätzung oder in der Beurteilung durch andere (Zeitgenossen oder Spätere). Danach werden sich Selbst- und Fremd„diagnose" Scheitern unterscheiden. Scheitern resultiert aus vielen Einflüssen, subjektabhängigen und -unabhängigen. Die Reaktionen und Bewältigungsmöglich-keiten sind sehr verschieden, abhängig von den Persönlichkeiten und ihren Bewältigungsmöglichkeiten, dem Verhältnis von Vulnerabilität und Resilienz in ihrem soziokulturellen Umfeld.

Jedenfalls bedeutet die Feststellung „gescheitert" eine eher gewichtige negative Konnotation (und sollte nicht für banales Ungenügen gebraucht werden). Wenn im folgenden Text in der Suchperspektive Scheitern als auf jedem Lebensweg jederzeit mögliches Ereignis angesehen, aber exemplarisch am Scheitern von herausragenden Autoren (um das problematische Wort „Grösse" zu vermeiden) skizziert wird, so geschieht dies in der gegebenen Fragestellung Scheitern und muss nicht als Globalurteil über die Genannten genommen werden, freilich bei Einigen als heilsame Korrektur einer Selbstidolisierung. Dieser Verweis auf die ubiquitären Möglichkeiten des Scheiterns auf jedem Lebensweg ist aber nur der Durchgang zu den zentralen Themen: wie stellen sich psychopathologische Manifestationen, besonders die

Desintegration des Selbst in den Schizophrenien und den Dissoziativen Identitätsstörungen, in der Fragestellung Scheitern dar und wie ist das Thema Scheitern von Therapien auszufalten?

Wieder geht der Dank des Autors an Frau P. Wiersma für die Schreibarbeiten und Prof. Dr. H. Stassen für die Druckgestaltung des Textes.

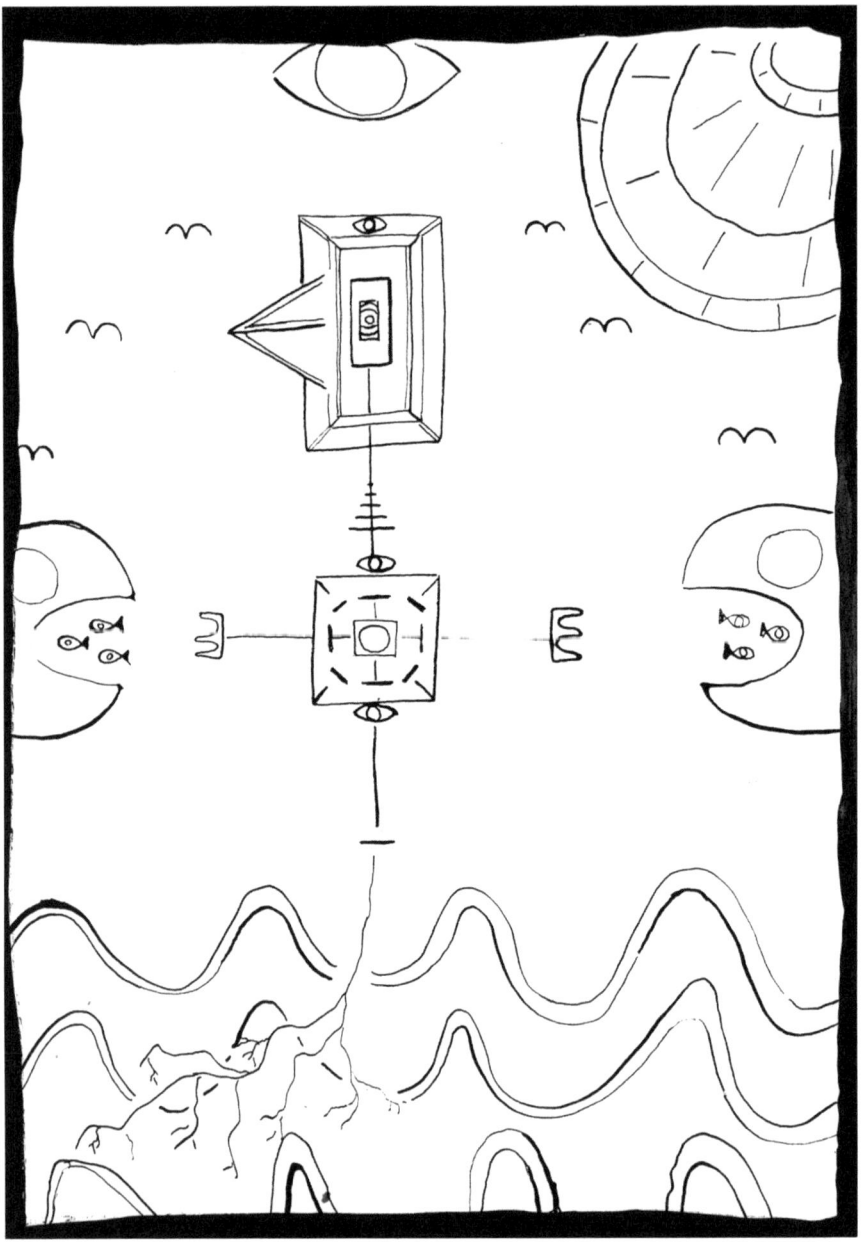

## Scheitern – das Wort

*Scheitern* – das Verbum (intransitiv) gehört zum Substantiv *Scheit*, das ein gespaltenes Stück Holz bezeichnet (vom altgermanischen bis heute in Gebrauch)[1]. Im Griechischen steht schizein (spalten, trennen), schisma (Spaltung), vgl. Bleulers Terminus Schizophrenie. Der Plural von Scheit heisst *Scheiter*. Davon ist abgeleitet: Scheiterhaufen in direkter Bedeutung und übertragen.

Das Wort Scheit, Scheiter, Scheitern ist verwandt mit scheiden (und schneiden im Sinne von trennen). Davon kommt ausscheiden (auch Scheisse), abscheiden, Abschied, verscheiden (sterben), Scheidung i.S. von Trennung einer Ehe, Freundschaft, Gemeinschaft. Unterscheiden (durch Merkmale trennen). Unterschied. Der Richter wirkt als Schiedsrichter. Ein Bote, ein Brief gibt Bescheid. Jemand trifft einen Entscheid. Die Weg- und Wasserscheide nennt die Trennung. Der Orientierung dient das Richt-scheit, Grabscheit. Der Ort am Kopf, am Berg heisst Scheitel. Eine Herkunftsangabe ist wohl im Namen Scheid-egger.

Das Verbum scheitern und das daraus abgeleitete Substantiv Scheitern stellen Negatives fest: jemand verfehlt ein Ziel; eine Unternehmung misslingt, ein Vorhaben schlägt fehl. Eine Person, Subjekt des Ich/Selbstseins, dekompensiert, zerbricht.

In diesem Bedeutungshof von Scheitern wird die Vielfalt von Anwendungs-möglichkeiten deutlich. Scheitern ist ein Risiko auf dem Lebensweg.

---

[1] S. Wasserzieher, Duden.

## Scheitern kann nur der Mensch

Scheitern – das Wort gebraucht man nur bei vom Menschen angestrebten Unternehmen. Das heisst: es liegt implizit oder explizit eine Intention, eine Zielorientierung einer mündigen Person oder Gruppe zugrunde.

Das „*Was* scheitert" nennt also einen Plan, ein Vorhaben, eine Aufgabe, ein Unternehmen, ein Projekt, eine Konstruktion (ob nur technisch oder als philosophisches Werk). In dem Sinn sagt man z.b.: eine Expedition, Krieg, Probeflug, Friedensvertrag, Ehe, Schaffung und Erhaltung von Bioreservat scheitert. Da ist das Misslingen angesprochen. Es geht dabei um Unternehmen, Werke, Aufgaben, Ziele von Menschen. Aber es kann auch ein Lebensentwurf, eine Laufbahn, ja der biographische Bestand eines Individuums scheitern.

*Wer* scheitert? Immer ein Mensch oder eine Menschengruppe. Es wird deutlich: nicht die Expedition, der Krieg etc. scheitert, sondern der Mensch, die Menschen, die dies unternahmen.

Ein Mensch kann in seiner Lebensführung Schwierigkeiten haben, in Krisen geraten, auch scheitern (aus inneren oder äusseren Gründen). Dabei ist zu unterscheiden, ob der betreffende Mensch selbst sein Scheitern feststellt (Perspektive der ersten Person) oder ob ein anderer sein Scheitern „diagnostiziert" (Perspektive der dritten Person). Die beiden Perspektiven können zu kongruentem Urteil führen oder divergieren. Die Selbstformung (Selbstgestaltung, Selbstbilden i.S. von Foucault) ist nicht gleichzusetzen der Lebensführung. Denn ein Mensch kann auch noch in schwierigen Zeiten der Lebensführung an seiner Selbstformung arbeiten, nämlich in der Bewusstheit ethischer Forderungen, moralischer Haltungen, in der Kultivierung von Mitgefühl, Toleranz, Bescheidenheit, Selbstrelativierung und Gelassen-

heit bis zur gütigen Weisheit.
Scheitern betrifft also immer Personen. Wie sich das Scheitern auswirkt, hängt von der Bedeutung, dem Wert (Stellenwert), Gewicht ab, die das Vorhaben für die Person oder Personen hatte. Das Vorhaben kann für die Person(en) zentral wichtig sein, wert- und sinngebend, den Bestand erhaltend – oder es kann mehr peripher sein, keinen essentiellen, den Ich-Bestand in Frage stellenden Gehalt für die Person haben. Danach werden die Reaktionen ausfallen zwischen gefasstem Registrieren des Misslingens und alternativem Planen und Wirken, einer Krise von Selbstbewusstsein und Zielsetzung oder gar einen „Nervenzusammenbruch" (Scheitern des Bestandes der Person).

## Scheitern – Ausgang philosophischer Suche und Hilfe

Scheitern kann immer nur der Mensch in seinem Selbstsein und intentionalem Handeln. Daher ist das Scheitern und das Verhalten des Menschen bei drohendem oder eingetroffenem Scheitern immer wieder ein Thema philosophischer Besinnung – bis zu Jaspers' These, dass der Mensch im Scheitern zur Existenz im Seinsbezug, der Ausrichtung auf das „Umgreifende", erwache.

In der Stoa (Epiktet, Seneca, Marc Aurel) geht es um das Standhalten im Unglück, das Aufrechtbleiben, Gefasstsein auch in Untergang (Scheitern) und Tod.

Bei Kierkegaard (1813-1855) ist die Stimmung des Scheiterns in Angst und Verzweiflung das dominierende Thema: verzweifelt sich selbst sein wollen, verzweifelt nicht sich selbst sein können oder wollen. Da ist in der frühen Existenzphilosophie das Selbst angesprochen, seine Identitätssicherung und Sinnfindung, seine Orientierung und Halt in der Gefahr des Scheiterns des Menschen in seiner Flüchtigkeit und

Zerbrechlichkeit gegenüber dem Absoluten.

Nietzsche (1844-1900) wusste gründlich vom Scheitern: Scheitern an der Unendlichkeit, am Nihilismus, im Übergang, im Untergang, Scheitern an den eigenen Möglichkeiten, am Trieb zur Erkenntnis bis zum Untergang. Jaspers (1883-1969) führt die Existenzphilosophie weiter, zeichnet den einzelnen suchenden Menschen vor der Unfassbarkeit des Umgreifenden (sein Wort für Sein, Gottheit), an dem alles Wissenkönnen, Begreifen, scheitert, das den Menschen doch als Dasein, Bewusstsein, Geist Grundlage der erwachten Existenz sei. Das Scheitern in den Grenzsituationen[2] (angesichts der eigenen Ohnmacht und Kleinheit, im Leiden, in der Unausweichlichkeit des Todes) kann dem Menschen eine Metanoia ermöglichen, eine Bewusstseinsweitung mit Ich-Relativierung, Perspektiven- und Horizontöffnung zum Umgreifenden (Sein).

Bei Heidegger (1889-1976) ist das Scheitern implizit da in den Themen Angst, Verlorenheit im Man, Uneigentlichkeit des Daseins, Nicht-hören der Sprache des Seins, Versäumen des Selbstseins angesichts des Todes.

Im Blick auf Asien ist an Lao tse, Buddhismus, Yoga und Vedanta zu erinnern: die Überwindung von Leid, Vergänglichkeit, Unglück und Elend in der Ausrichtung auf das eigentlich Wesentliche. Im Gefolge von Lao tse steht Chuang tse, der von den Vorbildern der Vorzeit schrieb: „Gefasst kamen sie, gefasst gingen sie, gefasst nahmen sie das Zugewiesene an." Die Unerschütterlichkeit der Seelenruhe (griechisch Ataraxia) ist in philosophischer Reflexion und/oder in religiöser Orientierung auf die suprahumane Instanz Gott zu entwickeln. In der grösseren Bewusstseinsperspektive (spirituelle Orientierung) auf das All-Eine relativiert sich das Ich des Individuums und nimmt ergeben das Geschick des Unausweichlichen hin.

---

[2] Jaspers 1954, Bd. 2, S. 201.

Der Buddha gerät in seinen geistigen Aufbruch, sein Erwachen, angesichts von Leid, Vergänglichkeit, Tod – da ereignet sich die Kehre, die Wurzeln von duhkha (d.i. Leid) in Unwissenheit und Begehren zu erkennen und auszurotten – die Überwindung des Scheiterns in der Erlösung, dem Erwachen. Im Yoga geht es um die Verbindung (Yoga = Joch) des Einzelnen (Atman) mit dem immanenten transzendenten Maha-Atman (Brahman). Darin liegt eine Orientierung, die den fortgeschrittenen Yogi gegen das Scheitern an Unternehmungen in der ordinary reality gefasst werden lässt.

> Da Atman ward als Brahm' erkannt,
> Dass Selbst und Sein sind nah verwandt,
> Da trat ich in die Grosse Ruh
> Und Still und Friede kam mir zu.

## Scheitern – Risiko auf dem Lebensweg

Jedes Leben nimmt seinen Gang, geplant oder nicht. Jeder Weg bringt Wandlung, Veränderung und die Erfahrung der Unausweichlichkeit von Vergänglichkeit, Unglück,Leid und Tod. Jeder Lebensweg enthält das Risiko des Scheiterns.

Wer zögert, bremst, stehenbleiben, gar zurückkehren will, den nimmt der Lebensprozess weiter. Wandlung ist unausweichlich. Wer sich der nicht entgegen stellt oder sie ausblendet, ist eher vorbereitet auf die Anforderung des Durchhaltens im Unglück.

Gehen, Wandeln, den Weg der Veränderung von Selbst und Welt wagen und in diesem Wagnis sich selbst gewinnen, zum eigentlichen Selbstsein kommen, das über die Bestimmung vom Man und über die narzisstische, egozentrische Ichhaftigkeit hinaus führt – solches Sicheinlassen auf den Wandel muss die Möglichkeit des Scheiterns einbeziehen. Wer erkennt („diagnostiziert") das Scheitern? Das betroffene Subjekt selbst, aktuell im Scheitern oder retrospektiv, selbständig oder unter dem Einfluss Anderer? Der Drang, eigenes Scheitern vor sich und anderen nicht wahrhaben, nicht „sehen" zu wollen, dürfte gross sein, jedenfalls bei gewichtigen Lebenswerken. Da werden eher Andere, oft erst in historisch-kritischer Bearbeitung, das Scheitern feststellen.

Die Gefahr zu Scheitern zeigt sich in der *Krise*. Die Krise ist die Wegscheide zwischen Bestehen, im besten Falle Wachsen[3] und dem Scheitern in Irrweg, Stocken, Rückfall, Untergang. Das Scheitern bedeutet ein Widerfahrnis: etwas, was dem Wanderer auf der Fahrt seines Lebens (homo viator) unwillkürlich, nicht intentioniert zustösst: es ist ein Erlebnis der Passivität, Betroffenheit, Überwältigung, gar Nichtung, Untergang.

Das Scheitern kann durch „äussere" (subjekt-unabhänglge) Umstände (Konstellation, Situation) zustande kommen oder von den „inneren" Bedingungen (intrinsische Faktoren, Disposition, Vulnerabilität) bestimmt sein. So lässt sich ordnen, was zum Scheitern führen kann.

*Extrinsische Gründe*, d.h. ohne eigenen (persönlichen, individuellen) Anteil: z.B. Katastrophen, Krieg, Seuchen und andere Krankheiten, Unfälle. Beschämung. Erniedrigung. Blossstellen. Beschuldigung. Gewalt, Vergewaltigung und ähnliche Übergriffe. Betrug.

*Intrinsische Bedingungen*, d.h. Versagen des eigenen psycho-physischen Funktionierens. Diese kann man schematisch darlegen:

---

[3] Ein Mensch.."was ihn nicht umbringt, macht ihn stärker" (Nietzsche, Ecce homo, Bd. 6, S. 267, Zeile 15).

*körperliche Gründe für Gefährdung, Verletzlichkeit*: sie können angeboren sein, genetisch (vererbt) oder non-genetisch erworben: intrauterine, prä-, perinatale Schädigungen, toxisch (wie z.b. Contergan, Alkoholismus der Mutter), infektiös (z.b. Röteln in der Schwangerschaft), zirkulatorisch, metabolisch (z.b. Eklampsie), Unfälle.

Später im Leben eingetretene Schäden (z.b. Hunger, Fehlernährung u.v.a.).

*psychische Gründe:* Disposition, „Schwäche", Labilität der Person. Psychasthenie. Vulnerabilität. Gegenkräfte: Resilienz, Ich-Stärke, Selbstkompetenz in Monitoring und Control, Affekt- und Impulskontrolle, Emotionsregulierung, Bewusstseinsstabilität, Intelligenz, Autonomie, Autarkie. Dauerhafte fachliche oder zwischenmenschliche (Mobbing) Belastungen am Arbeitsplatz bei hohem Selbstanspruch auf perfekte Leistung kann zur Dekompensation in eine Depression führen: burn out.

*soziale Gründe*: Früherfahrungen des Kindes (Missbrauch, Deprivation, Ausbeutung) und Heranwachsenden. Entwicklung von Identität, Selbstbild, sozialer Kompetenz, Kommunikationsfähigkeit.

Die Auslöser des Scheiterns können unbegrenzt viele sein. Äussere, subjekt-unabhängige Gründe können sich treffen mit persönlich mitbestimmten durch die Wahl des Weges, Präsenz, Beteiligung an einer Situation.

Die *Folter* ist ein Beispiel für ein gezielt herbeigeführtes Scheitern, ein Zerbrechen der Persönlichkeit, ihrer Organisation: strategische Destruktion der Coping-Mechanismen, jeder Abwehr. Radikale Demütigung, Beschämung[4]. *Brain washing* ist der zynische Ausdruck dafür. Die Folgen schwerster psychophysischer Traumatisierung zwischen Hunger, Kälte, Todeserfahrung, Entwürdigung sind im Holocaust-Syndrom von Konzentrationslagerüberlebenden beschrieben, im Postwar-Syndrom der Vietnam-Veteranen und der Soldaten neuerer Kriege.

Die intrinsischen Bedingungen zum Scheitern bei nicht allzu belastenden äusseren Bedingungen wurzeln im eigenen Wesen: Scheitern am eigenen Charakter, seiner Widersprüchlichkeit, Gegensätzlichkeit, mangelnder Integration, „Schwäche", Irritabilität, an seinen Bewältigungs- und Anpassungsmöglichkeiten; aber auch an seinen Zielen, Idealen, die unrealistisch, der eigenen Kompetenz unangemessen hoch sein können. Hierzu gehört der *Verhältnisblödsinn*, den Eugen Bleuler 1914 dargestellt hat: Ziele anstreben, Werke verrichten wollen, denen einer intellektuell nicht gewachsen ist, die ihn überfordern. Es geht nicht nur um Minderintelligenz (i.S. eines niederen Intelligenzquotienten), sondern auch um engstirnige, eingleisige Denkschemata (affekt-logische Schemata i.S.v. Ciompi 1982, 2011), autistische, unempathische, in diesem Sinne asoziale, weltfremde Einstellungen. Auch Ideologien und Dogmatismus können als weltfremde Haltungen zum Scheitern führen.

Scheitern an den Aufgaben des Lebens kann sich in der *Entwicklung* ereignen, in der es krisengefährdete Abschnitte gibt, die Klippen der Pubertät, Adoleszenz, des Erwachsenen mit den Aufgaben der Partnerschaft, der Mutter-, Vaterrolle, des Alterns und Sterbens. Die Reifung verlangt, ausgewogen Gutes und Schlechtes zu trennen, ohne in globale Lebensentwertung, Pessimismus und Misanthropie zu verfallen,

---

[4] S. Archipel Gulag von Solschenizyn.

die Vergänglichkeit und den Tod als all-relativierende Erfahrungen bewusst zu halten und zu ertragen. Angesichts von Gefahren, Belastungen, Traumen, Schockerlebnissen, starken Emotionen, Affekten und Triebansprüchen sind die Standfestigkeit, elastische Balance-Erhaltung (Homöostase), Flexibilität des Reagierens gefordert. Diesen Ansprüchen ist nicht jede(r) gewachsen. Da drohen Krise und Scheitern.

Die Bewusstseins-Regulation mit Orientierung und Realitäts-Sinn, Selbstabgrenzung und autonomer Selbststeuerung ist bedroht in sensorischer Isolierung oder auch Überschwemmung, bei Einzelhaft, Folter, Angst, Schmerz, Wut, unter dem Einfluss psychotroper Substanzen. Im Gefühl der Ohnmacht kann ein Giving-up-Syndrom einklicken: sich aufgeben, resignieren, die Flinte ins Korn werfen (statt kämpfen), fliehen, erstarren – Reaktionen in der Nähe des Totstellreflexes, die ein Scheitern des Standhaltens anzeigen und die Zugänglichkeit für Therapie sehr erschweren.

Beispiele für mannigfache Arten des Scheiterns, in der Laufbahn, gerade der scheinbar erfolgreichen, sind in der Geschichte zu finden. Scheitern an der Macht, der Rolle, dem Grössenstreben ist z.B. bei Caesar, Nero, bei Hitler und anderen Despoten zu sehen – der Verlust realistischer Selbsteinschätzung, Masslosigkeit scheinbar unbegrenzter Macht, Verlust des Humanen. Kretschmer hat dies Caesarenwahn genannt – die narzisstische Megalomanie, oft mit Exzessen in Grausamkeit, Gefühl-, Gewissenlosigkeit.

Scheitern an den Funktionen sozialer Aufgaben – dafür gibt es eine Fülle von Belegen:

- Scheitern als Partner in Beziehungen, in der Ehe
- Scheitern als Mutter und Psychoanalytikerin (z.B. Melanie Klein)

- Scheitern als Vater und Schöpfer des Ödipuskomplexes (Freuds Symbiose mit seiner Tochter Anna)
- Scheitern als Führer: Adolf Hitler, Jung als Führer der Nazi-Psychotherapie, Heidegger als Kopf der Nazi-Philosophie
- Scheitern als Lehrer (Grenzüberschreitung, Missbrauch, Gewalt)
- Scheitern als Politiker (persönliche und Parteimacht vor Gemeinwohl)
- Scheitern als Priester (Missbrauch, Zölibatsbruch)
- Scheitern als Mönch in der Gemeinschaft, am Zölibat, an vermeintlich erreichter Erleuchtung, gar Heiligkeit
- Scheitern als Eremit in der Isolation
- Scheitern im Studium, im Beruf

*Wer Scheitern sucht, wird fündig:*

*In der ganzen Geschichte des Menschen ist kein Kapitel unterrichtender für Herz und Geist als die Annalen seiner Verirrungen. (F. Schiller 1786)*[5]

Die folgenden Erläuterungen beleuchten das Werk und Wirken einiger bekannter Autoren aus Psychologie und Philosophie ausdrücklich in der Suchperspektive „Scheitern". Es werden Argumente für ihr Scheitern angeführt. Dieser Gesichtspunkt sollte nicht missverstanden werden als Pauschalabwertung dieser Menschen und ihrer Werke. Ein Herabholen vom Podest, eine Entthronung ist damit allerdings schon verbunden: eine nötige Korrektur von Auto- und Hetero-Idolisierung (Selbstüberhöhung und Glorifikation durch Adepten).

---

[5] Friedrich Schiller, zuerst 1786 in der Erzählung Verbrecher aus Infamie in Thalia, dann 1792 Der Verbrecher aus verlorener Ehre. 1. Satz. In: F. Schiller, Werke, München, Hanser 1966, Bd 1, S. 564.

Zur reifen Mündigkeit gehört Kritikfähigkeit, um von keinem schön schreibenden intellektuellen Schriftsteller durch seine Suggestivmacht geblufft oder von einem Vielbelesenen überflutet zu werden. Kritik bedeutet Unterscheiden, Trennen, Prüfen von Worten, Begriffen, Argumenten und ihren impliziten Vorannahmen. Skepsis ist die Haltung der Vorsicht, nichts ungeprüft zu übernehmen, weder Glaubenslehren noch Philosopheme noch szientifische „empirische" Gewissheiten. Nietzsche ist der grosse Vorreiter der Idoldestruktion und damit der Bewegung der Deconstruction im 20. Jahrhundert. Nietzsche schrieb von der Verführung durch die Sprache (Genealogie der Moral, Bd. 5, S. 279) und von der Nebenwelt, die das sprachlich gefasste Denken schafft: „Die Bedeutung der Sprache ... liegt darin, dass in ihr der Mensch eine eigene Welt neben die andere stellte, einen Ort, welchen er so fest hielt, um von ihm aus die übrige Welt aus den Angeln zu heben und sich zum Herrn derselben zu machen". (Menschliches, Allzumenschliches, Bd. 1, S. 11, Z. 22-24, Bd. 2 der kritischen Studienausgabe). „Unsere ganze Wissenschaft steht ... unter der Verführung der Sprache" (Nietzsche, Genealogie der Moral, Bd. 5, S. 279, Z. 4, 280, Z.1) Vgl. auch. Kunz: Die wirklichkeitsverschleiernde Rolle der Sprache. Darin frühe Hinweise auf Warnung vor der falschen Gleichsetzung von Worten und Dingen bei Bacon, Locke, Leibnitz (Kunz, H. 2009. Ges. Schriften Bd. 3, S. 245-258) [6].

Die analytische Philosophie (Wittgenstein) muss skeptisch-kritisch eine beobachtungsnahe sorgfältige Phänomenologie und deren sprachliche Ausformung fordern und prüfen, damit diese sich nicht in idiosynkratischen Wortexegesen, Wesensschau und Privat-Mythologemen

---

[6] S. auch Foucault 1974: Das Wort und die Dinge. Racière 1994: Poetik des Wissens.

verliert. Russel zeigt die Skepsis, die vorsichtige Prüfung und Anwendung kritischen Verstandes ohne Entgleisung in antizipierende Devalorisation und globale misanthropische Schwarzsicht. Gehlen (1940) hat auf die Entkoppelung („Dissoziation" in der Psychiatersprache) des Denkens vom unmittelbar gegebenen Seienden als Chance der Freiheit zu kreativen Entwürfen, aber auch als „ungemeine Gefahr" des Abhebens von der Wirklichkeit („Alienation") hingewiesen.

Gödel (1931) zeigte, wie ein Autor innerhalb seines Systems von Denkbahnen, Vorstellungen, impliziten oder expliziten Annahmen, Theorien gefangen bleibt[7], solange er nicht Konzepte ausserhalb des Systems aufgreift, sich von ihnen anregen lässt oder selbst Alternativen entwirft. Der weite Horizont des Suchens, die Multiperspektivität des „lateralen Denkens" kann vor der Eingleisigkeit, dem Steckenbleiben in Monomanien, Ideologien, Dogma bewahren, sofern sie sich kritisch selbstreflexiv vor der Beliebigkeit des anything-goes hütet.

Was als Wissenschaft gelten darf – in Abgrenzung von Philosophie, Poesie, Spekulation, Mythen – das wechselt in der Geschichte (s. z.B. Rupnow 2008).

*Anfragen an das Denken*

Was heisst genau Denken? Das Spektrum dieses mentalen Vorgangs, dieses Bewusstseinsgeschehens, scheint sehr gross zu sein und dies in mehrfacher Art: als Einfall, spontan oder gesucht, als Erinnerung, als Vorstellung von Vergangenem, Gegenwärtigem, Zukünftigem, als „idea" (die „ideas" von Locke, Hume, die Ideen bei Kant, Herbart sind

---

[7] Beispiele sind Heideggers Denkkreis, Freuds Festhalten an seinem System, Anna Freud an dem ihres Vaters, Jungs schweifendes Intuieren in der Opposition gegen Freud. Eugen Bleuler blieb gefangen im Netz seiner Konzepte Schizophrenie, Autismus, Assoziationspsychologie.

quasiphysikalische Elemente des Mentalen, sind also nicht mit Platons Ideen zu verwechseln), als Erkennen und Benennen im Wahrnehmungsakt von Realem („Baum"), unterschieden von der Vorstellung, Imagination, Phantasie, Intuition, die aber auch wie „Gedanken" im Bewusstseinsfeld auftauchen. Das registrierende Bewusstsein ordnet und differenziert – denkend – diese mentalen Vorgänge. Denken „ist" also ein Überbegriff, der recht Heterogenes subsumiert. Das gilt auch für den emotional-affektiven Anteil am Denken zwischen nüchtern-logisch (affekt-neutral) und leidenschaftlich (vgl. passiones). Dieser Aspekt berührt die Frage nach dem Ursprung von Denken im Sinne von Motiv, Anlass: externer Trigger (Anregung, Frage, Erlebnis, Begegnung)? Erinnerung? Hoffnung? Sehnsucht? Trieb(e) (man denke an Freuds Motiv seines Denkens: seine Sexualität, später sein Prestige- und Originalitätsstreben)? Gefühle (man denke an Kierkegaards Verzweiflung, an Heideggers Angst vor dem Tod und dem Verlorengehen des Selbstseins im Man)?

Wie geschieht Gedankenverknüpfung im präsentischen Feld und longitudinal in der Schaffung von Gedankenketten, -gebäuden? Die Assoziationspsychologie suchte darauf eine quasiphysikalistische „Erklärung" nach dem Modell der Anziehung von chemischen Elementen, von Magneten, vom Elektrizitätsfluss. Da tauchte auch die „Erklärung" auf, die „Affekte" würden als „Kleber, Leim" die Assoziation, Aggregation, Kohärenzstiftung, Synthese bewirken.

Welches Medium (Substrat) bringt mentales Geschehen hervor? Welches ermöglicht Bewusstsein? Der Verweis auf das Gehirn genügt nicht als Antwort. Dass ein lebendiges und funktionstüchtiges Gehirn eine Voraussetzung für Bewusstsein ist, ist so „selbstverständlich", wie dass das Gehirn von dem Funktionszustand des gesamten (lebendigen) Organismus abhängt. Bewusstsein ist eine Lebenserscheinung (und beginnt evolutionär keineswegs beim Menschen). Die Einteilung mentaler Vorgänge in Kognitionen in weiten Sinne, Emotionen und Affekte, Triebe ist zwar in der okzidentalen Psychologie gängig, hat auch eine, allerdings beschränkte, Brauchbarkeit, trennt aber „künstlich", was evolutionär und ontogenetisch viel mehr aus gemeinsamer Matrix entstammt und lebenslang verbunden bleibt (nicht erst verbunden werden muss).

Gedanken gedeihen in einem Eigenbereich und sie gestalten einen Eigenbereich, ein Denkfeld, einen Gedankenraum. Dieser emanzipiert sich in seiner Ausgestaltung und Formulierung progredient von der Prüfung am Vorfindbaren, das 1. beobachtet (wobei schon Deutungen aus dem Vorwissen einfliessen), 2. beschrieben (wobei Sprachspiele in Sinne von Wittgenstein ins Spiel kommen)[8], 3. gedeutet werden kann (mit dem Spielraum der Hermeneutik). Je zugehörig wirken Prozesse der Perspektive, Selektion, Interesse, Sprache, Interpretationssystem. Solche Denkgebäude können sich verselbständigen zu Denk- und Sprachräumen, die u.U. nicht mehr in dialogischen Austausch mit anderen treten können. So sehr können sie idiosynkratisch von der Individualität des Autors abhängen, im Extrem autistisch abgeschottet in die Indiskutabilität einer Verkündigung, Offenbarung, eines Privatmythologems.

Welches Verhältnis besteht zwischen Denken und lebensrelevanter Wirklichkeit (der ordinary reality)? Wie weit geschieht Denken in Abhängigkeit von vorbestehender implizierter Sprache, wie weit schafft Denken Sprache?

Dazu kommt die Frage: wer denkt, wer tätigt, schafft, produziert, verbindet Gedanken? Gedanken tauchen im Bewusstsein spontan oder

---

[8] Siehe dazu auch Foucault 1974: Das Wort und die Dinge.

gesucht auf und werden im bewussten Ichfeld als eigene eingeordnet (egoifiziert). Differenzierter Selbstreflexion ist deutlich: nicht ich mache Gedanken, sondern ich empfange Gedanken. Besonders in kreativen Einfällen (sic!) ist das deutlich („Intuition", Eingebung, Offenbarung). Sobald diese sich im Ichfeld konfigurieren, werden sie als eigene registriert.

Die Gedankeneingebung, -lenkung, -steuerung von Schizophrenen ist nichts grundsätzlich Neues, Fremdes, sondern gewissermassen die Vergrösserung (wie mit dem Mikroskop, Ideler 1840) des skizzierten Vorganges. Die Egoifizierung gelingt dann nicht: die Gedanken erscheinen als fremd, nicht dem Ichfeld zuzuordnen. Nicht die Gedanken sind „gestört", sondern das Ich.

Wer oder was ist aber das Ich – ein Gefühl, ein Gedanke, sensation, idea, representation? Jedenfalls ein Bewusstseinsinhalt bestimmter Qualität: „Ich bin ich selbst". Über diese tautologische Uroborik hinaus kann man fragend denken, kaum wissen.

Die Entwürfe zur Psychologie des Ich und des Selbst in den abstrakten Substantivformen spiegeln die Versuche, das I/me, self (James) zu umkreisen. Die Verbform „ich bin ich selbst" ist näher dem Erleben: das Ich wird erlebt, ist nicht zum Substrat zu objektivieren. Da setzt auch die Ahnung ein: ich bin nicht aus mir selbst, kein Produkt einer Autopoiese. Selbstwerdung und Selbstgestaltung sind „selbständige", nicht intentional vom Ich gemachte Entwicklungsprozesse. Erst viel später im Leben, in einem reflektiert-selbstgesteuerten Individuationsprozess sind aktiv-intentionale Einflussnahmen möglich – dies vermutlich nur sehr beschränkt. Denn der Charakter als das ichhafte Medium, das „Wesen" einer Persönlichkeit, setzt sich in und trotz verschiedener biographischer Einflüsse durch. Die Griechen formulierten: ethos anthropou daimon (sein Wesen ist des Menschen Schicksal). In positiver Formulierung heisst das: der Mensch bleibt sich selbst treu, er wird im Untergang, im Scheitern noch er selbst bleiben. In negativer, zumindest skeptischer Formulierung heisst das: die Persönlichkeit ändert sich nicht gross, ein Histrioniker bleibt so, auch wenn die Präsentation solcher kamäleonartiger Facetten im Lebenslauf wechselt (Jung), ein rigid Ängstlicher in einem Charakterpanzer (W. Reich) baut sein Bollwerk aus und schirmt es dogmatisch ab (Freud), ein ehemaliger Klosterzögling bleibt auch auf seinem eindrücklichen Denkweg als Philosoph ein „geheimer" Prediger (Heidegger).

Das Denken schleift sich leicht in bestimmte Geleise, Denkbahnen, Modelle, Schablonen ein. Dann wird der Autor unfrei bis zur Fixierung in die Eingleisigkeit von Ideologie, Monomanie. Alternativen, Korrekturen, Ergänzungen werden nicht mehr in Betracht gezogen. „Es" scheint ja stimmig. Die Faszination (Bannung) durch die eigene Denkbahn paralysiert kritisches Überprüfen, immunisiert gegen Argumente von anderen Denkwegen oder schottet sich dagegen ab. Das eigene Gebäude (z.B. Hegels „System") und damit sein Baumeister erscheint erhaben über Einwände, für ihn reimt sich sein Werk kongruent mit seiner Selbstpositionierung.

Der scheinbare Vorteil effizienten Vorankommens in eingeschliffenen Denkbahnen, „alles", „das Ganze" zu verstehen, zu durchschauen, einordnen zu können, wird mit der Gefahr autistisch-dereeller Privatmythologeme oder –philsospheme erkauft (in der Nähe von Autosuggestion und Suggestion. Solches Denken ist nicht dumm im Sinne von verminderter Intelligenz, sondern verstiegen, verrannt, weltfremd, autistisch, idiosynkratisch, verquer, schrullig, manchmal im nubilosen Verkünden tiefsten „Denkens" auch verführerisch (z.B. Heideggers Denken als „Dichten am Sein", wobei sich in der Klangassoziation das Numinosopoetische kund gibt: Hindenken zum Sein,

Umkreisen des Seins, das ihm in jungen Jahren als persönlicher Gott Ziel des Strebens war. Im kirchlichen Begräbnis manifestiert sich der Verbleib in ihm). Hohe Intelligenz bewahrt nicht vor Verstiegenheit, ja verführt einen Autor und seine Anhänger geradezu.
Was bestimmt, dass das Denken als Prozess in eine Bahn, ein Geleise gerät und dann zu einer Kette geformt weiter geht?[9] Manche „Denker" führt dieser Prozess zur Abschottung von alternativen Perspektiven und Methoden, zur Eingleisigkeit bis zur Isolation und Alienation in der Kultivierung der Idiosynkrasie, manche werden zu Baumeistern von Systemen, die als Gipfel weltgeschichtlicher Geschehnisse gelten sollten (Hegel). Die Emanzipation der Denkprozesse von Prüfungsmöglichkeiten an der „Realität", im intersubjektiven Austausch, erlaubt jede „Freiheit" zu phantastischer Entfaltung. Was ist Phantasie, auch ein Denken, ein ungebundenes, „freies" oder doch auch determiniertes, vielleicht gar willentlich steuerbares Geschehen?[10] Andere Autoren leben eher aus einer assimilatorischen Pantophagie, ihr Werk bleibt eher unverbindlich wolkig. Zwischen Monoideismen und Polyphrenie muss jeder seinen Weg suchen. Das eine und das andere kann zum Scheitern führen, Scheitern im Misslingen eines schlüssigen, überzeugenden Denkgebildes oder Scheitern, wenn der Autor als Opfer seiner Begriffe, die er für Befunde hält, in eine autistische Idiosynkrasie, Weltfremdheit (Alienation) gerät.

Gegenüber eingleisigen Denkbahnen, Monomanien, steht der Pluralismus und der Eklektizismus. Der Pluralismus zieht mehrere Perspek-

---

[9] Für einige Philosophen hat Scharfstein 1980 psychoanalytische Interpretationsversuche vorgelegt.

[10] Kunz hat in seiner Habilitationsarbeit die Phantasie ohne Präzisierung, was sie „eigentlich" sei, existentialistisch als Antwort auf die Vergänglichkeit, das unausweichliche Zugehen auf den Tod gedeutet.

tiven zur denkenden „Umkreisung" eines Forschungsgegenstandes, Themas heran, sucht nach komplementären Zugängen und erprobt verschiedene Methoden, ob sie zu einer Konvergenz der Ergebnisse führen. Ein solcher praktisch notwendiger Pluralismus muss sich sorgfältig vor der Beliebigkeit und in „Therapien" vor intuitiv-impulsiven Polypragmasien hüten. Dazu hilft kritische Besinnung. Der Pluralismus steht damit in Nachbarschaft zum Eklektizismus: Auswählen, welche Perspektive und Methode für die vorliegende Aufgabe (z.B. Diagnostik, Ätiologieannahmen, Therapieangebote) die geeigneten sind – und diese Auswahl methodisch transparent und argumentativ begründet treffen.

*Descartes' Sicherung des Selbstseins im Ich*

Descartes suchte Gewissheit: cogito ergo sum. Diese Formel (ebenso wie cogitans sum) sollte ihm zur Zweifelsfreiheit wenigstens des einen Wissens „ich bin" verhelfen. Das Leibgefühl (Zoenästhesie), Schmerz, Freude, Trauer waren ihm dazu nicht dienlich, er wollte das Denken als Vehikel zur Gewissheit gebrauchen. Er nahm dabei an, dass sein Selbst, sein Ich denke. Genau beobachtet kommen aber Gedanken dem Ich zu, das Ich ist nicht der Macher (actor, autor) der Gedanken, sondern der Empfänger (Rezipient) der Gedanken, die dann als je eigene, also als dem Ichfeld zugehörige (egoifizierte) eingeordnet werden. Diese Einordnung geschieht unwillkürlich („automatisch"), ohne spezielle Intention und gezielte Aktion durch den Bereich des Ich, der die Funktion des Observer ego, der Supervision und Kontrolle über das mentale Geschehen im Tageswachbewusstsein ausübt. Für Descartes ist das ego, „Ich bin ich selbst" vorausgesetzt und der Geist Körper-Dualismus, abgeleitet von dem religiösen Dualismus Gott als Geist und

Schöpfer des Geistes („Seele") und des Körpers (Materie). Das Tier sei eine unbeseelte Maschine.

## Kant postuliert Transzendentalien des Erkennens und des Ich

Kant entwarf in der kritischen Relativierung des menschlichen Erkenntnisvermögens das epistemologische Postulat der apriorischen, transzendentalen Vorbedingungen menschlichen Erkennens („Anschauungs"-muster von Raum, Zeit, Kausalität), ja auch des Ich. Im Anschluss an David Hume deutete er Sinneswahrnehmungen elementaristisch und musste dann für die Gegenstandskonstitution das Vermögen zu synthetischen Urteilen dem Verstand zuschreiben, der dies unter dem apriorischen Diktat transzendentaler Kategorien leiste. Die Frage, wer dies leiste, führt notwendig zum transzendentalen Subjekt (Ich). Dies sei als „transzendentales" vorgegeben. Wo, worin, in welcher Matrix ist das Transzendentale zu denken? Das „Ich" als I/me-Erfahrung ist jedenfalls nicht identisch mit den vorgehenden Möglichkeiten einer Ich-Werdung („transzendentales Ich"). Fichte hat um das Ich gerungen und kommt zur gewichtigen Formel, das Ich setze sich selbst in einer „Tathandlung". Damit ist die Selbstkonstitution (Autopoiese) des Ich – durchaus im interpersonellen Kontext – angesprochen. Aber: ist das ein „Wissen", ein Wissensgewinn?

Kant – Nietzsche wagte, den Grossen kritisch zu kommentieren (Jenseits von Gut und Böse 1886).

„Er (Kant) war stolz darauf, im Menschen ein neues Vermögen, das Vermögen zu synthetischen Urteilen a priori, entdeckt zu haben..." (Bd. 5, S. 24, Zeilen 17-19). „Wie sind synthetische

Urteile a priori *möglich*? fragte sich Kant – und was antwortete er eigentlich? *Vermöge eines Vermögens*: leider aber nicht mit drei Worten, sondern umständlich, ehrwürdig und mit einem solchen Aufwande von deutschem Tief- und Schnörkelsinne, dass man die lustige niaiserie[11] allemand überhörte, welche in einer solchen Antwort steckt." ... (S. 24, Zeilen 24-30). „Aber ist denn das – eine Antwort? Eine Erklärung?" (s. Zeile 25).

Der Regress von einer gegenwärtigen Einsicht, einem Urteil, einer Erkenntnis, einem Wissen, ja gar vom Ich auf ein antezedentes Transzendentales evoziert die Imagination einer apriorischen Matrix dessen, was „später" als Werkzeug des Erkennens und als ichhafte (egoifizierte) Registrier- und Reagier-Instanz „Ich" da ist. So nahe liegend die Forderung ist, sie bringt „eigentlich" nichts Substantielles im ontologischen Sinn. Das Postulat apriorischer transzendentaler Bedingungen des Erkennens ist epistemologisch gemeint (s. Scharfetter 2011). Die antezedenten Vorbedingungen eines Ich können nicht wieder ein Ich, wenn auch ein transzendentales, sein.

*Hegels Weltgeist*

Dieses begeisternde Denkgebäude der „Phänomenologie des Geistes" (1807) des selbst begeisterten Autors, der emphatisch „das Ganze" umfassen wollte, nicht nur im Durch- und Überblick, sondern in der Gegenwärtigkeit des Autors selbst als Gipfel eines historischen Prozesses der Selbstreflexion des Geistes, bleibt ein Gedankenfeuerwerk, ein brillanter Beleg dafür, wie sich menschliches Denken von der

---

[11] Das heisst Posse.

vorgefundenen und beobachtbaren Wirklichkeit als bindender Realität befreien, von ihr emanzipieren kann. Was dann entsteht, ist ein Denkgebilde ohne die harte Bewährungsprobe von Lebensverbindlichkeit: Denkpoesie („Noesipoiesis").

## Heidegger: Seiendes und Sein

Heidegger scheiterte als Philosoph und als schlichter Bürger[12]. Als Philosoph verirrte er sich in seinen Versuchen einer Synthese von zwei Leitthemen: Daseinsexegese des Seienden, d.h. Hermeneutik des In-der-Welt-seins, und Aussagen zur Ontologie des „Seins im Ganzen". Während Heidegger zuerst die Sprache als Haus des Seins nimmt, wendet er in der Kehre die Richtung: das Seyn spricht zu dem zur Existenz erwachten Menschen. In seiner achtbar belesenen Bedächtigkeit wirkt sein Schreiben und Sprechen forciert-gesucht, schrullig im Wortgebrauch, umständlich in der Sprachgestaltung, idiosynkratisch-autistisch in der Wortbedeutungsgebung (die Magie von „Wesen", wesentlich, Ganzheit, Nichts, eigentlich, Struktur, Urstruktur, Logos, Aletheia, Walten der Welt u.v.a.), in mystifizierendem Schweben zu Nebelschleiern. Gerade dieser quasi-kerygmatische Stil des „gottlosen Priesters" (Fischer), der vom Sein als zum Menschen sprechend, ja dem Menschen „das Geschick" seines Schicksals schickend kündet, dürfte in seiner Dunkelheit, der Schwebe des Andeutens, des aneignenden Herauslesens („Erhorchens") von dem, was in Texten (z.B. Hölderlin) nicht gesagt ist, für viele Verehrer faszinierend sein, ja manchen den kritischen Verstand lähmen. Die Parallele zur tiefenpsychologischen

---

[12] Heidegger 1927. Sein und Zeit. s. dazu auch Henrich 2011, S. 99.
Heidegger 1983. Die Grundbegriffe der Metaphysik. Vorlesung 1928/9.
s. Figal, Jaspers, Han, Löwith, Safranski, Thomä, Fischer

"Aufklärung", was im Unbewussten geschehe, ist deutlich (s. Löwith 1984, S. 210). Freud „wusste" und hielt für Wahrheit, was er in der Bedeutungsgebung an Eigenem projizierte und aneignete („appersonierte"). Heidegger wie Freud hielten sich selbst für frei – Heidegger von der Verfallenheit an das Man, für den Zuspruch des Seins, Freud von der Determination seines Forschens durch seine eigene Problematik.

In seiner Denkbahn blendet Heidegger die aussereuropäische Philosophie (China, Indien) aus und greift andere Konzepte des Logos als Name für das unnennbare Eine nicht auf, auch nicht die nahe liegende Wortwurzel von Welt aus wer-old (vom Menschen, wer, in seiner Lebenszeit durchlebte, old, Gestalt).

Der Autor Heidegger gibt sich psychogrammatisch als gar hoch eingeschätztes Selbst und Träger des philosophischen „inbegrifflichen Denkens" (1983, 13), des metaphysischen Fragens (61) zu erkennen, dem Philosophie als Wesenserkenntnis Sache des Einsatzes der philosophierenden Existenz ist (231), der auf die Frage nach dem Sein als eine von der (okzidentalen) Philosophie vernachlässigte, verstellte verweist. Überheblich-verächtlich brandmarkt er oft den „vulgären Verstand", der sich an Vorhandenes (Objekte) hält. Von der ontischen Wahrheit vom Seienden schlägt er eine Gedankenbrücke zur ontologischen Wahrheit vom Sein (523). Das Scheitern des Syntheseprojektes von Sein und Zeit hat er offenbar Dieter Henrich zugegeben (Henrich S. 99 und Anmerkung 59).

Die Daseinsexegese zeigt den der Welt der Dinge, des Zeugs, des Man verfallenen Menschen in fundamentaler Langeweile (120), Leere, Sinnverlust, Vergänglichkeit, Endlichkeit, Schuld im Sinne des Verpassens des Aufbruches zum philosophischen, d.h. metaphysischen Fragen. Dieses Fragen sucht das Sein im Ganzen, ohne es fassen, begreifen zu können.

Die „letzte", „tiefste" Frage, warum überhaupt etwas sei und nicht vielmehr nichts, könnte als manierierter Pseudotiefsinn genommen werden. „Köpfchen in die Tiefe, Schwänzchen in die Höhe", der Kinderreim kommt dem Spötter in den Sinn. Aber: stammt diese Frage nicht aus einer eigenartigen Mischung von Naivität (die sich für originell hält) und Anmassung (im Sinne von Überheblichkeit menschlichen Wissensanspruchs)? Verbirgt die Frage nicht auch die des aus dem Paradies vertriebenen Sünders, des in die Existenz Geworfenen, dem die geistige und moralische Selbstverantwortung eine Lebenslast ist, der in Angst vor der Nichtung sein Dasein austrägt, an den christlichen personalen Schöpfergott, warum er die Welt, den Menschen, das Seiende geschaffen hat und zwar so leidvoll, fehlerhaft, ungerecht? Ist das Blasphemie?

Wie eine Abwehr tönt Heideggers Bemerkung über die Psychologie: „...in einer eitlen Selbstbespiegelung, in jener widerwärtigen Beschnüffelung des Seelischen, die heute alles Mass überstiegen hat" (1983, 116). Namen zu dieser „neugierigen Psychologie" nennt er nicht. Aber wer denkt nicht an Freud und Varianten der „Tiefenpsychologie"? Als das irdische Alltagsgeschehen ihn zum Militärdienst fordern wollte, liess er sich wegen „Herzschmerzen" befreien, als er seines Amtes enthoben wurde, begab er sich in ein „Nervensanatorium", von wo aus er mit dem Chefarzt Skitouren unternahm.

Heideggers Denken führte ihn aus der Welt der Mitmenschen in die Alienation. Weltfremd verfiel er der Suggestionsmacht von Adolf Hitlers Nationalsozialismus – und scheiterte in seiner Illusion, der Denkführer des deutschen Volkes zu werden. Er verkannte die Alltagswelt und die Politik darin. Vielleicht erlag er auch der Verführung der Megalomanie, seiner und Hitlers[13]. Grausam verstiess er den Lehrer Husserl (Jude), den Gesprächsfreund Jaspers (jüdische Ehefrau). Das zwischenmenschliche Beziehungsverhalten (ein Beispiel Hannah Ahrent vor und nach dem Krieg) und die feige Drückebergerei im Krieg und danach bei Fortbestand des elitären Selbstbewusstseins wirken peinlich. Selbstreinwaschung oder Masken der Scham? Jedenfalls gab es reichlich verehrende Bewunderer.

Nietzsche kommt in den Sinn: *„Wie? Ein grosser Mann? Ich sehe immer nur den Schauspieler seines eigenen Ideals"* (Nietzsche, Jenseits von Gut und Böse, Kritische Studienausgabe 6, 3, 59). Dieser selbe Mann konnte (daneben? dahinter?) schlicht reimen: *„Geh und trage / Fehl und Frage / deinen einen Weg entlang"*.

*Freud: Heautoskopie im Spiegel des Teiches*

In der Suchperspektive „Scheitern" kann man bei Freud mehrfache „Befunde" beibringen. Es ist ihm in seinem grossen, literarisch so gekonnten Werk nicht gelungen, ein fruchtbares Werkzeug zur Klassifikation, Ätiologie, Pathogenese und Therapie psychischer Krankheiten zu schaffen. Sein Bild des Menschen, anfänglich von der sexuellen Libido und ihren Komplexen bestimmt, spannt sich schliesslich zwischen Lebens- und Todestrieb. Dem Unbewussten werden Funktionen nach dem Modell des Bewussten zugeschrieben (wie könnte es auch anders sein?). Das Unbewusste „weiss", „erkennt", „deutet", wünscht, strebt, widerstrebt, wehrt ab, verschiebt, unterdrückt, spaltet. Das Unbewusste, vor ihm und dann wieder bei Jung die grosse Matrix des flüchtigen Bewusstseins, hat er zur Kippe des Verdrängten, des

---

[13] s. Zaborowski 2010.

Abgewehrten, Abgespaltenen, zum Höhlengrund des Triebgeschehens, des Abgründigen und zur Quelle der Wunscherfüllung im Traum reduziert. Seine Deutungen der ursprünglichen Menschheit, der Kultur, alle stehen unter dem Diktat seiner ideologischen Monomanie. Er glaubte, überall die Wahrheit entdecken zu können und die Orthodoxie seiner Doktrin verteidigen zu dürfen. Im Interpersonellen von Lehren, Therapieren, Bekanntschaften und Freundschaften (z.B. Lou Andreas Salome), sogar der Familie (Anna) spielte ständig Geld und Prestige, Intrige und Grenzüberschreitung gegenüber dem offiziellen Programm von neutraler Distanz und Selbstkontrolle. Freud präsentierte sich in seriöser Pose – am Katheder, vor der Photokamera, in seinen publizierten Texten – sein Inneres wird indirekt in seiner Psychologie „sichtbar". Seine Psychoanalyse widerspiegelt seine uroborische Selbstbespiegelung, amplifiziert zum Bild des Menschen.

Freud scheiterte mit seiner Psychoanalyse, dieser projektiven Gestalt seiner eigenen Problematik, an seiner (auch von ihm selbst erkannten) Neigung zum monoideistischen Deuten, die dem Vorfindbaren Gewalt antut, wenn der Autor sein „affekt-logisches Schema" (Ciompi 1982, 2010) zum Schlüssel des Menschen in gesunden und kranken Zeiten appliziert, gar wähnt, die Wahrheit entdeckt zu haben, „die" Therapie erfunden zu haben, der Menschheit den Inhalt ihres Unbewussten aus Verdrängung und Abspaltung gezeigt zu haben und dabei triumphal wie Kopernikus, Darwin als grosser Kränker des Selbstverständnisses der Menschen in die Geschichte der Grossen einzugehen. Das ist eine Art Psychopoiesis: Poesie von der Psyche im Überkleid physikalistischer „Wissenschaft". Süchtig nach Substanzen (Kokain, Nikotin), mehr noch nach Ruhm, Erfolg, Bejubelung als innovativer Entdecker des Geschehens in den Tiefen des Unbewussten verfiel er seinem Denkschema von Libido und Ödipus-Komplex – und „fand" dies überall bestätigt, bei Patienten ebenso wie bei konkreten historischen Gestalten (Leonardo da Vinci), bei der Urhorde (Totem und Tabu), spät im Alter noch bei Moses: deutlich spiegelt sich Narziss im dunklen Teich selbst und hält dies in elitärer Isolation und Alienation seiner selbst für ein Abbild des Menschen schlechthin. Das Denkschema wird ubiquitär appliziert: Freud wird ein Opfer dieser seiner kognitiven Schablonen. Suggestivwirkungen[14] auf seine Patientinnen werden ebenso wenig bedacht wie Autosuggestion im Netz (System) des eigenen Denkens. Nach Schreber's Selbstdarstellung erklärt Freud nicht nur den Inhalt von Schrebers Wahn, sondern die Entstehung seiner Psychose. Der Schlüssel ist für Freud die Homosexualität, die er selbst in seiner Beziehung zu Wilhelm Fliess argwöhnte und die er ablehnte „wie der Teufel das Weihwasser".

Die „Welt" ist eine je vom Subjekt gedeutete; die Deutungen spiegeln den Deuter mindestens so wie den zu deutenden „Sachverhalt" (der eben schon ein konstellierter, wenn nicht gar konstruktivistisch zustande gekommener ist).

Die späten Ergänzungen Freuds, seine Entwürfe zu Ich/Es/Über-Ich, noch mehr die Hinzufügung des Todestriebes, sind nicht essentiell für das Grundgebäude der Psychoanalyse. Im Blick auf die empirische Prüfbarkeit der Psychoanalyse ist Freud als Wissenschaftler gescheitert. Im Blick auf die Grundregeln der Neutralität, Diskretion, strikte Trennung von Beruflichem und Privatem ist Freud vielfach seinen Postulaten untreu geworden: Indiskretionen, Nepotismus, filzige Vermischung von „nützlicher" Freundschaft und „Therapie", Einmischung in persönliche Entscheidungen von Klienten sind belegt (s. Breger 2000

---

[14] Aschaffenburg hat 1906 auf die implizite Suggestion in der Freudschen Psychoanalyse hingewiesen. Zum Scheitern der Psychoanalyse erwägt Shorter ausser ihrem Herrschaftsanspruch über die gesamte Psychiatrie ihren Stellenwert als Identitätsmarke der Juden.

u.v.a.). Er konnte auch Ratschläge geben und Geld an Bedürftige. Er verhehlte nicht, dass er die Menschen (ausser Familie und wenigen Verehrern) als „blödes Volk", „elendes Gesindel"[15] und die Patienten als „mühsam" empfand.
Die Ehe blieb erhalten, wenn auch nach der Geburt von Anna nicht mehr vollzogen. Mit Anna, der jüngsten Tochter, ging er eine innige (Ehefrau und Mutter ausgrenzende) Verbindung ein. Er nahm sie selbst in Therapie. Gleichzeitig war Lou Andreas-Salome schwärmerische Intimfreundin von Freud selbst und von seiner Tochter Anna, war Analysandin und Schülerin von Freud. Anna wurde von der Lehrerin zur Psychoanalytikerin, Lou von der Literaturfreundin zur Psychoanalytikerin: Grenzdiffusion, chaotische Beziehungsstrukturen.

Freundschaften währten nur solange, als Freud Recht und Oberhand behielt (Fliess, Jung, Adler u.v.a bis zu Ferenczi). Die Abstossungsreaktionen waren heftig, hart bis grausam (Tausk). Devalorisierendverächtliche Bemerkungen flossen ihm leicht in Mund und Feder.
Mit dem Thema Scheitern der Persona, ihrer Pose, der „Nacktheit", Unverstelltheit könnte auch die Ohnmacht Freuds 1909 auf der Schiffsfahrt nach Amerika verbunden werden, als die Reisegruppe (mit Jung) Träume besprechen wollte. Da blockte Freud ab, er könne nicht seine Autorität verlieren. Die Ohnmacht – ein Scheitern des Standhaltens in einer für ihn schwierigen zwischenmenschlichen Situation? In New York, am Hudson River, nässte er sein Gewand – wieder eine Peinlichkeit für den autoritären Führer der Bewegung. Freud – „Er lebte die Selbsttäuschung" (Wiesenhütter 1974, S. 242). Dazu passt die Pose

---

[15] So z.B. Freud an Lou Andreas-Salome: „blödes Volk, misera plebs" (22.11.1917, S. 75), „Menschenbestie" (S. 83), „Gesindel" (28.7.1929, S. 199). Ähnliches an Ferenczi.

und die strikte Ablehnung einer Biographie. Er lebte nicht, was er lehrte. Er lehrte, was er selbst nicht lebte[16].

## Suggestion, Autosuggestion und Psychoanalyse

Der Prozess der Entwicklung der Psychoanalyse kann auch in der Fragestellung Suggestion betrachtet werden (was ja die Abstammung aus dem Hypnotismus nahe legt). Suggestion in weiter Wortbedeutung meint die absichtliche oder unabsichtliche Beeinflussung des Erlebens und Verhaltens, Handelns eines Menschen (eines einzelnen oder vieler), also eine Bewusstseinsstimmung, -einstellung, die Kognitives (Bewusstseinshorizont, Wahrnehmung, Denken, Gedächtnis) und Affektives (Stimmung, Gefühle) umfasst. Suggestion kann von einem Menschen absichtlich, intentional auf einen anderen gezielt sein (Fremdsuggestion, Hypnose) oder implizit – atmosphärisch wirken (Charisma, Ausstrahlung, Erhabenheit, Tremendum und Numinosum im Sinne von R. Otto). Suggestion in dieser weiten Bedeutung, die nicht-intentionales Wirken einschliesst, spielt in der Lebenswelt der Menschen eine gewichtige Rolle. Otto Stoll (1894) hat dies in einer umfangreichen völkerkundlichen Studie gezeigt. Auch nonhumane Vorkommnisse (z.B. Sonnenauf-, -untergang, -finsternis, Milchstrasse, Mond, Blitz und Donner, Wolken, Vulkane, Erdebeben) üben auf die Menschen einen starken suggestiven Einfluss aus: sie bestimmen Stimmung, Wahrnehmung, Deutung des Ereignisses, werden zum Anlass von Erzählungen (narrative Ausgestaltung), Mythen, Aufbruch des Denkens zum Fragen nach dem Ursprung (der eigentlichen Heimat), Ausgang,

---

[16] Zu Freud, seinem Werk, seiner Problematik s. auch Scharfetter 2011, S. 183.
Wichtiges dazu bei Breger, Ellenberger, Gay, Gicklhorn, Grünbaum, Masson, Roazen, Sulloway, Young-Brühl. Neu dazu Onfray (2011).

Einkehr, Heimkehr im Tod. Die Empfänglichkeit (Suggestibilität) für bestimmende Einflüsse „von aussen" (vom Nicht-Ich) oder „von innen" (aus dem Eigenbereich) wird von der persönlich-individuellen Autonomie, Abgrenzung und Autarkie abhängen. Gerade bei der Betonung und Gewichtung der eigenen Sicht, Denk- und Deutungsweise, der eigenen Begriffe und Konzepte ist eine starke autosuggestive Komponente zu vermuten: die eigenen Denkschablonen, Bedeutungsgebungen, Auslegungen scheinen immer wieder Bestätigung zu erfahren: so oft sich Narzis über den Teich beugte – er sah immer sich selbst, seine Physiognomie, seine Charakteristika. Nicht der Mensch schlechthin war entdeckt, wenn auch in dem eigenen Spiegelbild anthropomorphe Züge gemeinsam Menschliches vermuten liessen.

Was fand Freud in seiner Selbstanalyse? Das, was er suchte: seine eigene Charakteristik, Thematik, Problematik. Autosuggestion der Faszination, Bannung durch das eigene Spiegelbild. Die Erwartung bei wiederholtem Tiefblick in den Spiegel bringt Bestätigungen: das Denkgebäude der narrativen literarischen Ausgestaltung (im Gewand physikalistischer „Naturwissenschaft") erwächst im Zirkel der Selbstbestätigung. So wirkt in Freud das in sich selbst Gefundene und das in Anderen (Patienten, Texten, vorgeschichtliche Geschehnisse, historische Gestalten wie Leonardo da Vinci, Moses) „Entdeckte", Freigelegte als ständige Selbstkonfirmation. Der „Fund" konfirmiert weitere Funde. So bleibt der Entdecker epistemisch im uroborischen Zirkel (mythische Schlange, die sich selbst in den Schwanz beisst).

Was für Folgen hatte dieser autosuggestive Selbstbestätigungsprozess: das Denkgeleise beherrscht den Autor. Die Auswirkungen auf die Psychoanalyse als

1. Forschungsmethode sind permanente Selbstbestätigungen: man findet, was man als Suchbild schon in sich hat, „weiss". Was durch die

Erwartung („unbewusst") konstelliert wird, wird nicht gefragt. Die Psychoanalyse wurde durch Selbstimmunisierung gegen Kritik abgeschirmt.
2. Therapie: Therapeutische „Erfolge" wiegen mehr als Misserfolge (s. Widerstand). Besserungen hängen von der Submission des Klienten (seiner Suggestibilität, Aufgeben jeden Widerstandes) und der Suggestivwirkung des Psychoanalytikers (dessen Selbstidolisierung rsp. Partizipation an der Macht des Meisters) ab, rsp. der Paarung Analytiker und Patient.
3. Die sektenartige Selbstisolierung als parauniversitäre Bewegung und die hierarchische Organisation unter der Leitung von Freud selbst als Inhaber der Orthodoxie ist im suggestiv-autosuggestiven Zirkel geschlossen. Freud hat nach dem Vorbild von Charcot, in Parallele zum Papst, der Kardinälen einen Ring zuteilt, seine treuen Anhänger auch mit Goldringen in den Club aufgenommen.

Die Suggestivwirkung geht weiter auf Adepten. Die Schulenbildung der Abweichler repetiert den Determinationsprozess: das Denkmuster des „Meisters" fortsetzen. Eugen Bleuler war eine Zeit lang begeistert (! sic Suggestion paralysiert kritisches Denken) von den Lehren Freuds. Erst der Wissensmonopol-Anspruch von Freud führte Bleuler in eine autoprotektive Distanz: da gab es ja Eigenes zu pflegen (Autismus, Schizophrenie) und da gab es eindrückliche Weiterungen, Alternativsichten (Jung, Adler u.a.).

*Jung: unverbindliche Vielheit*

Die Suche nach Themen des Scheiterns bei Jung kann auf manches hinweisen, im Werk sowohl wie noch mehr in der Biographie und

Persönlichkeit dieses produktiv gewiss herausragenden Mannes[17]: proteusartig wechselnd, schillernd zwischen den Polen Rückzug in Innenschau mit paranormalen Erlebnissen und extravertiert-narzisstischer Abhängigkeit von bewundernden Adepten und theatralisch-histrionischer Selbstpräsentation als Seelenkenner und -heiler, im Alter dann die Leihidentität als Weiser – alles recht stark, hyperbolisch zur Schau gestellt. Er war ebenso dreist in der Assimilation von Vorgegebenem als Eigenes wie in der Verleugnung seiner Haltung und seinen Äusserungen in der nationalsozialistischen Ära. Er erscheint als grosser Assimilator, war auch sehr belesen in Literaturen seiner Interessen, und produzierte in abundanten Texten die Ergebnisse seiner kognitiven Digestion. Er war selbstherrlich und angeberisch, impulsiv und lebhaft affektiv histrionisch, pseudologisch und kamaeleonartig sich dem jeweils günstig Scheinenden anhängend. Er war vorschnell in seinen Diagnosen (Toni Wolf, seine Nebenfrau, sei schizophren[18] gewesen, er habe sie geheilt, Heidegger sei schizophren u.ä.). Er war intuitiv und spekulativ, darin produktiv – und berief sich ständig auf sein Arztsein, seine Erfahrung, seine Empirie, gab sein Werk als wissenschaftliche Forschung aus.

Sogar in seinen paranormalen Erlebnissen (s. Rotes Buch), Gesprächen, Visionen lehnt er sich suggestions-rezeptiv an Vorbilder an, assimiliert sie – und dramatisiert diese „Begegnungen" als psychosenah (gemeint ist wohl die von ihm als „Introspektionsneurose" etikettierte Schizophrenie) und sich selbst als siegreich überwindend und standhaft in solcher Höllenfahrt, Drachenkampf, Schifffahrt zwischen Himmel und Hölle. Die Texte, die er später daraus im Roten Buch eingetragen hat,

---

[17] Lit. Jung: Rotes Buch, Briefe. s. Bair, Herwig, Klee 2001, S. 199, Masson 1991, S. 125, Stern, von Franz, Wehr, Wiesenhütter.
[18] S. Briefe, Bd. 1, S. 408/9, 28.2.1943.

sind ein eigentümliches Gemisch von Assimilationsgut und eigener Schau. Er bekennt, dass diese paranormalen Episoden die eigentliche Grundlage seiner psychologischen Einsichten seien (also doch nicht seine „ärztliche Erfahrung") und dass seine publizierten Werke (das Rote Buch ist posthum erschienen) die der Öffentlichkeit zumutbaren „Übersetzungen" seiner Erfahrungen seien.

Die Entgleisungen Jungs in der Affaire Spielrein, die Anmassung gegen Eugen Bleuler, in der Nazi-Zeit die Nähe Hitler – Wotan, das Neue Zeitalter (New Age), das „arische Unbewusste" im Gegensatz zu dem jüdischen, die an Göbbels erinnernde Sprache – das spiegelt Jungs assimilatorische Leihidentitäten, mit der er Zeit seines Lebens spielte – bis in die Präsentation von Weisheit und homeroidem, überlegen scheinendem Gelächter.

Jung, der den Individuationsweg als Reifung zum echten Selbstsein ideierte, blieb in seiner facettenreichen Vielheit im Vermeiden jeder Festlegung zwischen bürgerlicher Sesshaftigkeit in Wohlstand und Sicherheit und dem Spiel des Einsiedlers im Haus am See, zwischen dem Traumdeuten und dem Pseudoreligiösen (Gott eine Projektion des Archetyp), dem hingebungsvollen Paranormalen und dem prestigeabhängigen Autor einer sich ja aufdrängenden Korrektur und Ergänzung der Freudschen Psychoanalyse. Arztsein, wenn auch immer wieder genannt, das lag ihm nicht, deshalb wollte er vom Burghölzli weg (als er den Direktor Eugen Bleuler nicht verdrängen konnte als Leiter der Forschung). Patienten empfand er als Last und als Quelle von Geld und Prestige (die „Patienten" aus USA). Ihn interessierte der Inhalt von Träumen zwecks Aufdecken mythologischer Parallelen mehr als der Träumer in seiner Biographie und aktuellen Lebenssituation. Diagnostische Etiketten verteilte er, der Erfahrene, gar schnell (s.o.). Deutungen entziehen sich der Prüfung, Adepten applaudieren jeweils dem „Meister" gar willig – gleich, ob dies der Papst oder Hitler, Freud oder Jung ist. Viele Menschen bleiben in der Unmündigkeit bewundernden Staunens und vermeiden das Erwachen kritisch-prüfenden Geistes.

## M. Klein: Kinder ähneln den Eltern. Deutungsphantasmen

Melanie Klein (1882-1960)[19] war Psychoanalytikerin. Sie stammte aus Ungarn, wurde als Opfer einer hysterisch-chaotisch dominanten Mutter Analysandin von Ferenczi, wurde dann Laien-Analytikerin, die sich der Kinderanalyse zuwandte. Von Berlin emigrierte sie nach London, wo sie die Objektbeziehungstheorie (die Persönlichkeit formt sich nach den Vorbildern, Introjekten, von Mutter und Vater) entwarf und eine eigenartig pathologisierende Deutung der Kindesentwicklung (gute und böse Brust, sadistische und masochistische Triebe, depressive und paranoidschizoide Position, Kind im Gebärkanal „ist" Phallus in der Vagina u.ä.). Sie rivalisierte polemisch mit Anna Freud bis zur unversöhnlichen Spaltung der Londoner Psychoanalytiker. Ist schon ihre „Lehre" idiosynkratisch bis chaotisch im impulsiven Deuten ohne Selbstkritik, so war sie als Mutter noch stärker grenzüberschreitend und intrigant: sie analysierte ihren Sohn, um alles über ihn zu wissen. Ihre Tochter Melitta, verheiratete Schmideberg, streitbar und impulsiv wie ihre Mutter, kritisierte diese öffentlich. Melitta lebte als Psychoanalytikerin in den USA, wo sie im American Handbook of Psychiatry von 1959 den Artikel Borderline schrieb – auch aus eigener intrafamilialer Anschauung kundig. Winnicott war Analysand von M. Klein.
Die auf Fairbairn und Melanie Klein zurückgehende Objektbeziehungs-

---
[19] Grosskurth 1993.

theorie wurde in den USA durch Margret Mahler verbreitet. Kernberg steht in dieser Traditionslinie.

## Scheitern in Religionen

Auch hier scheitern Menschen, Vertreter von Religionen, nicht ihre Lehre, die dogmatischen Ausformulierungen, die Orthodoxie, der Universalitätsanspruch (Katholizismus von kat-holon, allein, überall gültig). Die Religionsgeschichte zeigt die sozialhistorischen Prozesse der Gründung, dogmatischen Fixierung, scholastischen Ausformung, des Expansionsanspruches auf überkulturelle Gültigkeit der Religionen als alleinigen Vertretern der „Wahrheit" von Menschen und Gott. Sie zeigt auch die Gefährdung für den Missbrauch des Glaubens für Machtausübung, Manipulation und Ausbeutung von Gläubigen. Die Priester als professionelle Vermittler zwischen den Menschen und Gott, die Hierarchie dieser Kirchenfunktionäre, oft in Verbindung mit Politik (König und Gottvertreter in einer Person), sie raffen weltliche Güter von Macht, Einfluss, Geld, verkaufen Sündenablass und Heilsrituale. Wenn dagegen Proteste wach werden und die Protestanten Einfluss gewinnen, stellen sich bei diesen die menschlichen Muster von Übergriffen wieder ein. Belege dafür gibt es in allen „Weltreligionen". Wie oft sind deren Vertreter, auch Lehrer, Priester am Moralanspruch der eigenen Religion gescheitert. Gier und Verblendung (Nicht-wissen, sanskrit avidya) verführen. Dann spielt um die Aufrechterhaltung der Funktionsrolle die Fassade, die Maske, das Gehabe, das leer gewordene Ritual – die Spaltung von Vorgezeigtem (u.U. theatralisch Demonstriertem) und dem nackten Wesenskern. Ähnlich wie bei Lügnern, Untreuen, Kriminellen haftet dann doch an solchen Menschen: „Wer einmal lügt, dem glaubt man nicht...".

*Scheitern am "Wissen"*

Häufig stützt sich "Wissen" auf subjektive Sicherheit des Meinens, also auf Gewissheit als Erlebnis, "Gefühl", Annäherung, Plausibilität, persönliche Überzeugung. Solches "Wissen" ist ein Meinen, allenfalls als Überzeugung in der Nähe von Glauben. Menschliche Erkenntnis erfasst nie "das Ganze", das ja Idee und Ideal (Scharfetter 1996), in diesem Sinne Leitziel der Suchorientierung ist, aber nicht begriffen, kognitiv in den Griff zu bekommen ist. Es gibt kein anthropologisches "Wissen" vom Menschen "als ganzem", immer nur Teilaspekte, Perspektiven. Der Mensch "an sich", die psychophysische Lebens-Einheit im Organismus, die Psyche, das Bewusstsein, das Unbewusste, das Zusammenspiel von Neurobiologie und Mentalem ist dem Menschen immer nur in bestimmtem Blickwinkel, Perspektiven (Nietzsche), Fragestellung und Antwortversuchen zugänglich. Keine Lebensgeschichte (in und ausserhalb von Psychopathologie) ist "ganz" erfasst, keine Biographie (schon gar nicht Autobiographie), keine Krankengeschichte ist je abschliessend vollständig verstanden. (Dazu wiederholt Jaspers). "Verstehen" heisst eine klare Vorstellung von einer "Sache" in ihrer Verbindung mit voraus gehenden, begleitenden und nachfolgenden Geschehnissen erarbeiten. Verstehen heisst also eine einordnende Verbindung schaffen, eine verbindliche Einordnung einer "Sache", eines Erlebnisses, einer Erfahrung, eines Gefühles, eines Verhaltens[20]. Als "Schaffen" einer Verbindung ist Verstehen ein konstruktiver Prozess (Poiesis). Darin können immer neue Aspekte der zu verstehenden "Sache" beleuchtet und befragt werden. Diese Aspektvielfalt in der Fülle möglicher Perspektiven weckt viele methodische Zugänge und Antwort-

---

[20] S. Fahrenberg 2002, S. 320.

möglichkeiten. Das Erklären ist eine Konstruktion einer unidirektionalen Kausalverbindung. Das Verstehen von Texten (in Religionen, Jurisprudenz, Philosophie, Literatur) geschieht in Auslegungen – Exegese, Hermeneutik. Das sind Spezialfälle der Interpretation. Psychologisches Verstehen von Verhaltensweisen und/oder Erlebnissen, Gefühlen, Gedanken geschieht in einem kognitiven (denkend, phantasierend, imaginierend) und emotional-affektiven Nachvollziehen. Dies ist ein Spezialfall von Interpersonalität. Diese setzt Offenheit und Zuwendung voraus und – im klinischen Kontext – Mutualität. Der Verstehende ist auf direkte oder indirekte Zeichen, gar intentionale Mitteilung der zu verstehenden Menschen angewiesen. Wenn dieses fehlt, keine oder keine gemeinsam verbindliche Sprache als Träger der Verstehens-Verbindung da ist, averbale Zeichen zu deuten sind, wird der hypothetische Charakter alles Verstehens deutlich. Der um Verstehen bemühte Mensch ist dann noch stärker als im erhellenden Dialog auf sein eigenes Potential angewiesen: dies ist sein Anteil aus seinem Wesen, seinem Horizont, seinen Interessen, seiner Sozialisation, Enkulturation. Da wird deutlich: im Verstehen ist die Person des Deuters gewichtig beteiligt. Daher bleibt das Zutreffen einer Deutung als Verstehens-Zuschreibung auch in der Schwebe. Es gibt keine falsifizierbaren oder wenigstens konfirmierbaren Aussagen wie in der wissenschaftlichen Empirie (Popper). Im Bemühen um das Verstehen psychopathologischer Manifestationen ist diese Ungewissheit des Verstehens, das Tentative, Probatorische, deutlich zu halten. Besonders bei den Fragen des Selbstverständnisses in und ausserhalb der Pathologie muss man die Frage des Zutreffens, der Richtigkeit eines solchen Selbstverstehens als letztlich nicht beantwortbar stehen lassen. In der interpersonellen Spezialsituation einer Psychotherapie verlässt sich die Therapeutin oft auf das Gefühl der Stimmigkeit, das atmosphärische

Anmutungsgefühl „zutreffend". Das mag für den Fortgang des Prozesses brauchbar sein, wenn es vorsichtig und nicht selbstherrlich („ich weiss") geschieht.
Vielleicht darf man sogar sagen: Nichts ist je ganz durchdacht, „ausgedacht", restlos verstanden. Das Erklären gar steht unter dem Motto des Kausalitätsverständnisses und unter mannigfachen Voraussetzungen (Scharfetter 1993). Jaspers (1913 und später) meinte, kausales Erklären und Verstehen von psychopathologischen Manifestationen klar trennen zu können. Kausales Erklären wollte er den Naturwissenschaften vorbehalten. Verstehen in den zwei Formen von statischem (was ist?) und genetischem (Werdensgeschichte) Verstehen ist dem denkenden Nachvollzug (ohne empathisch-sympathetisches Mitschwingen) zugeordnet. Dass solches Verstehen gar sehr von der eigenen Persönlichkeit (Charakter) und ihrer Sozialisation und Enkulturation abhängig ist, das war ein Schwachpunkt solcher Trennung, an dem dieses Projekt von Jaspers, das die Nosologie von „endogenen" Psychosen (unverständlich, Prozess, somatische Ursache) und reaktiven Entwicklungen (verständlich) stützen sollte, gescheitert ist.

Freud warf Erklären und Verstehen in eins, nahm von ihm supponierte Motive als kausale Erklärung für die Entstehung von psychischen Störungen, ihrer Manifestation, ihrer Form und ihrem Inhalt. Seine „Erklärungen" hielt er für „wissenschaftlich", weil sie ihm gewiss schienen. Ja er wähnte, „die Wahrheit" über den Menschen in gesunden und kranken Tagen gefunden zu haben. Das zu erklärende Vorfindbare, die beobachtbaren Verhaltensweisen (Dritte-Person-Perspektive), die erfragbaren Erlebnisweisen (Erste-Person-Perspektive) mussten „zurücktreten" hinter die von ihm supponierten Geschehnisse (Psychodynamik in der mentalen Metageographie von Bewusstem/ Unbewusstem, Komplexen, Es/Ich/Überich, Libido am Modell des

Sexualtriebes, später erweitert zum Lebenstrieb und ergänzt um den Todestrieb, Verdrängung, Spaltung etc.). So scheiterte Freud an seinen eingleisigen Denkmodellen, sein physikalistisches Konstrukt der menschlichen Psyche war zu sehr monoman – und nicht tauglich als adäquates Menschenbild.

Jung reicherte „das Unbewusste" in Opposition zu Freud und in Anlehnung an Autoren vor Freud (Carus, Nietzsche, E. von Hartmann u.a.) riesig an, sodass Jungs Unbewusstes zu einer quasidivinen Grösse wurde: das Urschöpferische der Grossen Mutter, der germinative Mutterboden der Archetypen, der Mythologien, Träume, der Gottesvorstellungen (Gott sei eine Projektion des Archetyps Gott), der Kollektivpsyche sowohl wie der individuellen psychischen Charakteristik des Individuums. Seine parapsychologischen Erlebnisse (s. Rotes Buch) dienten als Grundlage seiner „wissenschaftlichen" Psychologie. Nubilose Assoziationen in variabler Worteinkleidung und die proteusartige Selbstpräsentation liessen Jung letztlich scheitern an seinem Vorhaben, eine menschenkundliche Basis für das Verstehen in gesunden und kranken Zeiten und für die Therapie vorzulegen, die wissenschaftlicher Prüfung standhalten könnte.

Eingleisige Paradigmen (Denkschemata und ihre Methodik) sind für das Scheitern gefährdet, sowohl in philosophischen Versuchen wie in Politik (Marxismus), in religiös-kirchlichen Systemen (Orthodoxie, Doktrin, Monopolanspruch auf den Zugang zu Gott), so auch in den Wissenschaften vom Menschen. Sie disponieren zu pseudoscience (Lilienfeld et.al. 2003). Ideologische Monomanien des Primats der Gene (heute fruchtbar bis zur Berücksichtigung der Epigenetik), des Gehirnes (das Gehirn „macht" die Psyche, Geisteskrankheiten, Charakterarten sind im

Gehirn festgeschrieben), der Gesellschaft (als sozialer, kultureller Umwelt) – sie alle führen als Monomanien in die Irre, lassen ihre Vertreter scheitern.

Eingleisigen Paradigmen liegen oft unreflektierte Denkgeleise zugrunde. So werden Wortverwendungen und Aussagen nicht gründlich geprüft. Der verbreitete Leib- Seele-, Soma-Psyche-Dualismus mit der unfruchtbaren Gegenüberstellung von Biologie und Psychologie[21] wird durch die schlichte Unterscheidung von ontologischem Dualismus (zwei kategorial verschiedene Substrate) und epistemischem Dualismus (zwei unterschiedliche Perspektiven und Methoden auf das Lebendige) doch heilsam zurecht gerückt. „Psychological pathology is not neural pathology" (Miller 2010, S. 720).

*Kritische Anfragen als Antidot gegen Pseudowissenschaft*

„Kritische Neugier" könnte man die zu empfehlende Grundhaltung eines mündigen Lesers vieler Werke, eines Hörers vieler Vorlesungen, Vorträge, Predigten nennen. Was ist die Botschaft (nüchterner die Information) des Autors? Lässt sich die zu wenigen substantiellen Aussagen zusammenfassen? Wie klar ist die Fragestellung und die versuchte Antwort? Welche unreflektierten, impliziten Vorannahmen gehen der Fragestellung, der gewählten Perspektive und Methodik, dem Wort- und Sprachverständniss voraus? Welche „Weltanschauung", welches Menschenbild, welche Einschätzung von Erfahrung, Wissen, Erkenntnis trägt einen Denkprozess? Unterscheidet ein Autor Beobachtung, Beschreibung, Interpretation? Was versteht er unter Untersuchung, Forschung, Argumentation, Beweis, gar „Wahrheit"?

---

[21] S. Bennet & Hacker 2003, Miller 2010, Lilienfeld et al 2003.

Was versteht ein Autor unter „Wissenschaft": die Erarbeitung prüfbarer, methodisch transparenter Empirie mit ihren jeweils von Perspektive und Methode abhängigen, also multipel bedingtem Wissen im Bereich der ordinary reality? Oder setzt er „Wissenschaft" der (ausserwissenschaftlichen) Rationalität in Philosophien und „Geisteswissenschaften" gleich? Unterscheidet ein Autor zwischen Menschenkunde im Sinne von Lebenserfahrung, Kennerschaft, intuitionsgeleitetem Umgang („Therapie" genannt) mit Menschen, ihrem Erleben und Verhalten, ihren Träumen, Phantasien, Sehnsuchts„welten" und prüfbarer empirischer Psychologie als Wissenschaft? Was versteht ein Autor unter Phänomen und Auslegung von Phänomenen (Hermeneutik?) Was, welches Beobachtungsgut, kann in bestimmter Suchperspektive zum Phänomen werden? Diese Formulierung impliziert, dass ein gewisses Mass an Selektion und Konstruktivismus „etwas" zum Phänomen „macht" (Poiesis). Erlebnis- und Verhaltensweisen können in all ihrer Komplexität und unter Berücksichtigung der verschiedenen Perspektiven von erster Person, interpersoneller Situation und Drittperson (Beobachter) als Phänomene genommen, „gelesen" werden und damit Ausgangspunkte für Interpretationen werden. Aber die theoretischen Annahmen, hypostasierten Konstrukte sind keine Phänomene, sondern gedankliche Entwürfe, die ein Autor (und dessen Schüler) zum Verstehen und Erklären entwickelt. Das „Unbewusste" (in verschiedener Bedeutung) ist nicht Phänomen, sondern Konstrukt. Das „Kernselbst", dessen Zustand, Befindlichkeit, Stärke, Identität etc., dessen Echtheit gegenüber dem oder gar verdeckt vom „falschen Selbst" (Winnicott), ist jeweils nur erschlossen, abgeleitet von Annahmen. Psychische Struktur und Dynamik im Bewussten und Unbewussten sind Hilfsvorstellungen von einer gewissen Nützlichkeit (Viabilität), aber nicht reelle „Sachen". Spaltung, Fragmentation, Dissoziation, Projektion etc. sind Worte für bestimmte Annahmen, Deutungen (Scharfetter 2011). Die antezedenten physikalistischen Vorstellungen von der Psyche und der metaphorische Charakter des Sprachgebrauchs sind meist nicht bedacht. Mit ihrem routiniertem Gebrauch erscheinen (!) sie wie Beobachtungs-„Tatsachen". Die Vermengung von Beobachtung und literarisch gestalteter Ausdeutung ist häufig zu finden. Wenn solche Texte gut geschrieben sind, können sie faszinieren – und das heisst auch die kritische Befragung lähmen. Dann wird für „wahr", für wissenschaftliche oder philosophische Einsicht genommen, was in einer eigenartigen Schwebe von engagierter, teilnehmender, d.h. sich selbst in seiner Person einbringender und daher auch psychogrammatischer Anschauung und vermeintlichem erkenntnishaften Wissensgewinn bleibt – wie ziehende Nebelschwaden über einer teils sichtbaren, teils verhüllten Landschaft. Das Buch von Ronald Laing The devided Self (1960), das der Autor auf existentiell-phänomenologischen Fundamenten für eine Wissenschaft von Personen, angewandt auf Schizoidie und Schizophrenie, vorlegt, erscheint mir beispielhaft für solches Fluktuieren zwischen „Wissenschaft" und Poesie, solchen Impuls, das „Ganze", das „Wesen" zu erfassen. In Psychiatrie und Psychologie, besonders von Philosophen oder philosophisch dilettierenden Schriftstellern, gibt es viel solche Literatur. Da steckt gewiss auch Rationalität und Auslegungskunst darin. Strenge Wissenschaft ist viel bescheidener in ihren Aussagen. Sie wird die epistemischen Voraussetzungen von Wissenserwerb, abhängig von Perspektive und Methode, berücksichtigen und die Relativierung des eigenen „Wissens" durch die Forderung nach Prüfbarkeit (durch Andere, in Wiederholung, mit anderer Methodik etc.) hinsichtlich Reliabilität und den verschiedenen Validitätskriterien gegenwärtig halten. Wissenschaftliches „Wissen" – das sind Annäherungsschritte an ein ideiertes Reales, ohne der Illusion zu verfallen, die „Wahrheit" erfasst zu haben. Den epistemischen, Perspektive und Methodik berücksichtigenden Ausgangspositionen folgt die kritische Durchleuchtung des forschungsstrategischen und -logistischen Vorgehens: einzeln vs. Gruppen, Quer-, Längsschnitt, Selektion der Probanden, Datengewinn (Data sind Facta, Daten werden „gemacht", konstelliert) und die komplexen Prozeduren der Datenauswertung (Statistik). Dem folgt dann erst die Bewertung der Ergebnisse im Lichte einer bestimmten Arbeitshypothese. Daraus können sich weitere Fragestellungen, Forschungsprojekte ergeben – ein endloser Prozess.

Leider neigen viele (oft gerade öffentlich erfolgreiche) Autoren zu einer übereifrigen Generalisierung ihrer Forschungsergebnisse. Um die Jahrtausendwende 1900 und ähnlich wieder 2000 erliegen manche Hirnforscher der Versuchung, Psychologie und Psychopathologie auf Neurophysiologie zu reduzieren („Hirnmythologie" hat man das um 1900 genannt). Eine solche Tendenz, das eigene Interessengebiet im Verstehens- und Erklärungswert zu überschätzen, ist verbreitet. Die Besinnung auf die Voraussetzungen, auf Perspektivität und davon abhängige Methodik fehlt oft. Dann soll die Denkschablone immer weitere Gebiete des Menschlichen erschliessen – ob nun zerebral oder „tiefenpsychologisch" oder sozio-kulturell – mit nachfolgenden Kompilatoren solcher verschiedener Ansätze – bis hin zum „postmodernen anything goes".

Hochschulen und Universitäten bereiten ihre Studenten ungenügend zu kritischem Überprüfen von vorgesetztem „Wissen" vor. So wachsen daraus suggestionsanfällige Adepten aller möglichen „Schulen". Sie sind nie zur reifen Skepsis gelangt, die zur Autonomie eigenen Befragens gehört. Daher erliegen sie als begeisterte, faszinierte, d.h. gebannte Adepten irgendwelchen kerygmatischen Lehren (griech. Kerygma heisst Verkündigung), die ihnen das „wahre" Wissen vom Menschen und das

„richtige" Werkzeug für Verstehen und Therapien vermitteln. Wie oft ist dies im Gewand von „Wissenschaftlichkeit", „Erfahrung", „Einsicht" präsentiert – und ist doch Pseudowissenschaft. Lilienfeld u.a. (2003, 2005) haben wiederholt auf die Verführung durch „pseudoscience" in Psychiatrie und Psychologie hingewiesen und davor gewarnt. Sie haben auch einen Kriterienkatalog dazu vorgestellt (2005, S. 189). In Modifikation der Formulierung und anderer Reihung nenne ich einige Kennzeichen.

Die Sprachpräsentation erweckt den Anschein von Wissenschaftlichkeit: „Wissen", „Erkenntnis", „Tiefenblick", Vermengung von Beobachtung und Interpretation, inkonsistente, ad hoc wechselnde Wortbedeutung, z.B. Struktur, Dynamik, Selbst, Unbewusstes. Hirnregionen und ihre Verbindungen, Technische Messungen. Überdehnung der Aussagen aus Tierversuchen. Sozial-kulturalistische und historische Deutungen etc.. Je dunkler, „assoziativer, „intuitiver" und schwerer fassbar, umso gewichtiger erscheinen oft solche Texte. Dabei legen solche Autoren übermässiges Gewicht auf Einzelfälle („anecdotal evidence") und subjektive Zeugnisse (von ihnen selbst oder ihren „Klienten"). Ad-hoc-Zusätze, die oft nur Einfälle, nicht wirklich prüfbare Hypothesen wiedergeben, dienen dem Ausweichen verbindlicher Prüfbarkeit: Immunisierung der eigenen Annahmen gegen Falsifikation. Erfolgsmeldungen und Bestätigungen (oft anekdotisch) dominieren, Gegenbeispiele oder ausbleibende Konfirmation werden eliminiert. Angaben über die Grenzen eines „Wissens", eines Verfahrens fehlen. Wer skeptisch anfragt, wird nach seinen Beweisen gefragt, statt selbst noch die Belege vorzutragen. Selbstkritik, gar Korrektur des eigenen Werkes, Exposition zur Stellungnahme von Anderen unterbleibt – oder beschönigt Aussagen als Lippenbekenntnis. Fachkomissionen unterliegen (wie peer reviewer) einer bestimmten „Konfession", die publikationspolitisch genehm sein muss: das betrifft das implizite anthropologische Vorverständnis, die Perspektive und Methodik. Nonkonformes wird ausgeschieden. Das vermehrt die Zahl der devianten „Eigenständigen", die sich als innovative Entdecker und Kenner dünken, im Nebengeleise traditioneller Schulen agieren oder als stolze Neuerer des „New Age" sich über unbequeme kritische Auflagen der Aufklärung (Illumination) hinweg setzen. Pseudoscience ist die für die okzipitale Wohlstands"kultur" charakteristische Medikalisierung und Psychologisierung, „Diagnostik" (Störungsbilder-Katalog) und „Therapie" von Lebensschwierigkeiten („Depression"), Entwicklungsverschiedenheiten (überdehntes Konzept von Aufmerksamkeits- und Aktivitäts-„Störungen"), Persönlichkeitsfacetten (als „eigenständige" Subselves, Multiple Persönlichkeit, Dissoziierte Identität), in vielen Ätiologiebehauptungen (zerebral, „psychisch" bewusst, unbewusst, Trauma, Missbrauch, Soziogenese). (Vieles zu dieser Thematik belegt in Wright & Cummings 2005, Lilienfeld et al. 2003).

*Heilsame Skepsis*

Skepsis (griechisch, zum Verbum skeptomai, -esthai) heisst spähen, betrachten, schauen, beobachten, erkunden, untersuchen, prüfen. Skeptikós, -oí ist der sorgfältig prüfende, im Urteilen vorsichtige Mensch, rsp. die Menschen. Verwandt ist skóptein schauen (vgl. Horoskop, Mikroskop, Skoptophilie Schaulust, Voyeurismus). Im Lateinischen conspicio.

Eine „gesunde" Skepsis stammt aus der Eigenständigkeit (Autonomie, NB: nicht Selbstherrlichkeit!) des Sehens, Schauens, Beobachtens, Prüfung des Wortgebrauches, der Begriffe, der Deutung (Auslegung, Exegese, Hermeneutik), ihrer Argumente, des Urteilens. Der Mensch mit der skeptischen Einstellung will selbst prüfen, sich nicht einem Lehrgebäude, System, einer Doktrin, einem Dogma, einer Ideologie unterwerfen.

„Gesunde" Skepsis ist nicht Zweifelsucht, grundsätzliches Infragestellen, sondern Abwägen der Argumente und die Bereitschaft zur Enthaltung von Urteilen: in der Schwebe lassen oder in kontemplativer Ruhe Klärung, Reifung, Entscheidung sich entwickeln zu lassen und bei diesem Prozess nicht selbstherrlich einzugreifen. Solche Skepsis bewahrt vor unmündigem Adeptentum, Dogmatismus in Religionen, Philosophemen, „Wissenschaften", vor Dezisionismus in Politik, Pädagogik, Beratung etc.

Es geht seriöser Kritik nicht um Abwertung, sondern der Grundbedeutung nach: zu unterscheiden, sorgfältig prüfen und differenzieren. „Gesunde" und ehrliche Skepsis muss stets auch zur kritischen Selbstprüfung bereit sein: nicht nur Andere prüfen, sondern sich selbst, die eigenen Vorannahmen, Begriffe, Denkbahnen. Solche Haltung löst die Naivität des Selbstverständlichen auf, der scheinbaren Sicherheit des „ich kann", „es geht schon so", „ich weiss". Sie differenziert auch das eigene Meinen, Vermuten, Annehmen, Glauben, scheinbare Wissen. Und sie erforscht die Selbstpositionierung und Selbsteinschätzung, die eigene und die von anderen (auch scheinbar „Grossen", Berühmten). Selbstherrlichkeit, stolze Gewissheit, gar Selbstidolisierung stimmt den Skeptiker zu recht misstrauisch.

Aber: „gesunde" Skepsis muss unterschieden werden von einer generellen Zweifelsucht auf dem Boden von Verachtung, Misstrauen, Misanthropie, Pessimismus, von den depressiven Bewertungen („Kognitionen") schlecht, schwarz, böse, übel, falsch, verfehlt, verrannt, irre. In solches Fahrwasser, in solche Denkbahn kann sich Skeptizismus verirren, der z.B. behauptet, es gäbe keine, auch keine relative, temporäre Gewissheit als Entscheidungsgrundlage in der Praxis des Lebens – der aber für eben diese Behauptung Sicherheit, gar „Wahrheit" beansprucht. Da verrennte sich der Skeptiker in den eigenen Urteilen.

Der Skeptiker darf also Fragen stellen:
An *Kant*, der die apriorischen transzendentalen Kategorien des Erkennens (Zeit, Raum, Kausalität) postulierte und die synthetischen Urteile durch die transzendentale Apperzeption, „getätigt" von einem „transzendentalen Subjekt" (Ich) (dem Vorgänger des empirischen Ich). Gewiss eine wichtige Überlegung zur Epistemologie. Aber was impliziert das an ontologischer Aussage über Ich, Subjekt, Autor der Apperzeption, der Synthese? Was heisst Denken, Verstand, Vernunft?
An *Heidegger*: Ist solche Phänomenologie des Seienden (dem auch der Mensch zugehört) ein gangbarer Weg zum Seyn, das dem Menschen als Geschick sein Schicksal schickt? Was schreibt der Autor sich als Mensch zu, mit seiner Sprache Hüter des Seins zu sein, die Sprache des Seins zu vernehmen – ehe er sich umwandte und das Seyn zum Menschen sprechen „liess". Das ist Kerygma, Predigt, nur der äusseren konfessionellen Hülle entkleidet. Es „ist" philosophische Theologie, theologische Philosophie (Löwith) des „gottlosen Priesters" (Fischer). Und: was gilt Heidegger als Nichts, das er „nichten" lässt? Sicher nicht die Sunyata (Nagarjuna), das von allen Einzelgestaltungen („Seiendes") „leere", aber alle diese potentia in sich tragende *Eine*: „die leere Fülle, die volle Leere".
Der Skeptiker richtet Anfragen an *Freud*: Taugt der sexuelle Triebmonismus als Grundlage einer Anthropologie, Psychologie? Taugt die Idee der Wunscherfüllung als Grundlage seriöser Traumforschung? Freuds Idee vom Ödipuskomplex (und zugehörigem Kastrationskomplex) – kann darauf ein Menschenverständnis gebaut werden? Darf

man psychopathologische Syndrome ursächlich von sexuellen Problemen (zu wenig, zu viel, Autosexualität, Homosexualität) ableiten? Was verstand der in Neuropathologie ausgebildete Freud unter „Wissenschaft", gar unter „Wahrheit" (in deren Besitz er sich wähnte)? Skeptische Anfragen an *Kraepelin*: Was verstand er unter „natürlicher Krankheitseinheit", wie ordnete er Mentales dem Zerebralen unter? War ihm in seiner Krankheitsaufstellung (Nosopoiese) der Unterschied zwischen Erfinden und Entdecken nie aufgegangen?
Anfragen an Eugen *Bleuler*: Wie kühn verband er Kraepelins „Krankheit" mit seiner generalisierenden „Assoziationslockerung" als Grundstörung und „Freudschen" Mechanismen zu „seiner" Schizophrenie? Die „Assoziationen" führten ihn (1921) schliesslich zur „Naturgeschichte der Seele" und ihrer Bewusstwerdung. Er schrieb sich zu, realitätskorrektes Denken von autistisch-dereellem unterscheiden zu können. Bleuler bekannte sich zur hirnpathologischen Grundlage von psychischen Störungen und Kriminalität, hielt seinen Glauben für „Wissen" und postulierte eugenische Konsequenzen.

Der Skeptiker fragt nicht nur, wie sich das Gewissheitserleben eines Wahnkranken von dem eines Denkers, „Forschers", „Wissenschaftlers" unterscheide, sondern auch nach der Berechtigung der Urteile „krank", „gesund". Er fragt nach den impliziten Normenvorstellungen des „Experten". Bescheiden wird der Skeptiker auf die Dysfunktionalitätsfolgen von Überzeugungen (Versagen in den Lebensaufgaben) hinweisen und deren Kultur-, Sozialrelativität berücksichtigen. Therapeuten stellt der Skeptiker die Frage: seit wann und mit welcher Berechtigung halten Sie sich für einen Heiler? Was ist es, das Sie kurieren? Was gilt Ihnen als Heilung? Meinen Sie, mit pharmakologischen oder gar hirnchirurgischen Mitteln psychische „Krankheiten" zu heilen oder wenigstens zu bessern? Oder halten Sie die „talking cure" auf der Couch, bei der der „Therapeut" „enthaltsam" zuhört, für eine Heilbehandlung? Andere wähnen, kosmische Energien zu lenken, zu übertragen, „schlechte" Energien abzuziehen.

Dem Skeptiker geht das Fragen nie aus. Er ist der Gefährdung des Abirrens, Entgleisens, des Scheiterns auf jedem (auch dem eigenen) Lebensweg bewusst – und wird davon nicht überrascht, überrumpelt, aus der Bahn geworfen. Der ehrlich bescheidene Skeptiker wird stets der Gefahr des Sichverrennens in das Denkgeleise grundsätzlicher Zweifelsucht eingedenk sein, die im Extrem das Wagnis kreativer Entwürfe abwürgt, Entscheidungen in den unausweichlichen Dilemmatas, wenn auch als Probehandlungen, ausweicht und damit auch in Passivität, Apathie, Lebensuntüchtigkeit treibt. Die Areté der Griechen, die Tugend des Mutes zum Wagnis, zum Aufbruch, zum Versuch, zum Selbstsein und eigenen Weg, soll und darf auch die „gesunde", zur Autonomie des Individuums beitragende, Skepsis anleiten. Solche Skepsis kann indirekt eine innere Vorbereitung auf Lebenssituationen des Scheiterns sein und das Ereignis des Scheiterns bewältigen helfen.

*Skepsis und Achtsamkeit*

Stete, sorgsame und geduldige Skepsis wird in der Achtsamkeitsübung (Satipatthana im Theravada-Buddhismus; s. Nyanaponika) feiner, sensibler in beide Richtungen: dem Gewahren innerer, „seelischer" Gestimmtheiten, Vorgänge, Regungen einschliesslich der Körperwahrnehmung (Zoenasthesien); dazu gehört auch die Atemachtsamkeit (anapanasathi) und die auf äussere interpersonale und objektale Vorkommnisse.

Die Achtsamkeit auf das Erkennen und den zum Wissen führenden

Prozess kann unterscheiden lehren zwischen präziser, repetierbarer und intersubjektiv überprüfbarer Wahrnehmung und der hinzugefügten Bedeutungszuschreibung. Erfahrungs- und Realitätsbewusstsein werden geschärft. So werden auch die Variationen der Beobachtung erkennbar, abhängig von Zeit und Situation, aber auch von der eigenen Befindlichkeit, Gestimmtheit, Interesse, Zuwendung bis Fokussierung oder eher peripher-beiläufiges Wahrnehmen. Übereinstimmung von mehreren (Reliabilität) ist vorsichtig zu gewichten. Sogar die Mitbestimmung des Beobachtungsgutes durch Beobachtung und Beschreibung kann solcher epistemischer Achtsamkeit auffallen. Das wiederum schärft die Vorsicht gegenüber Gewissheiten und daraus getätigten Behauptungen. Skepsis, verfeinert in Achtsamkeit, schützt den Menschen vor der Verführung durch grosse Worte und Suggestiveinflüsse von Predigern mit Charisma und Eloquenz (z.B. Osho Rajnesh), von verkündenden statt analytisch-entwickelnden Philosophen (z.B. Heidegger vs. Wittgenstein), Wissenschaftsgehabe ohne seriöse empirische Grundlage, von Politikern mit ihrer Propaganda.

## Jesus unter dem Kelch kniend

## Jesus am Kreuz

Mein Gott, mein Gott, warum hast du mich verlassen.  C.S. 27.3.1970

## Scheitern der Menschheit, des Einzelnen

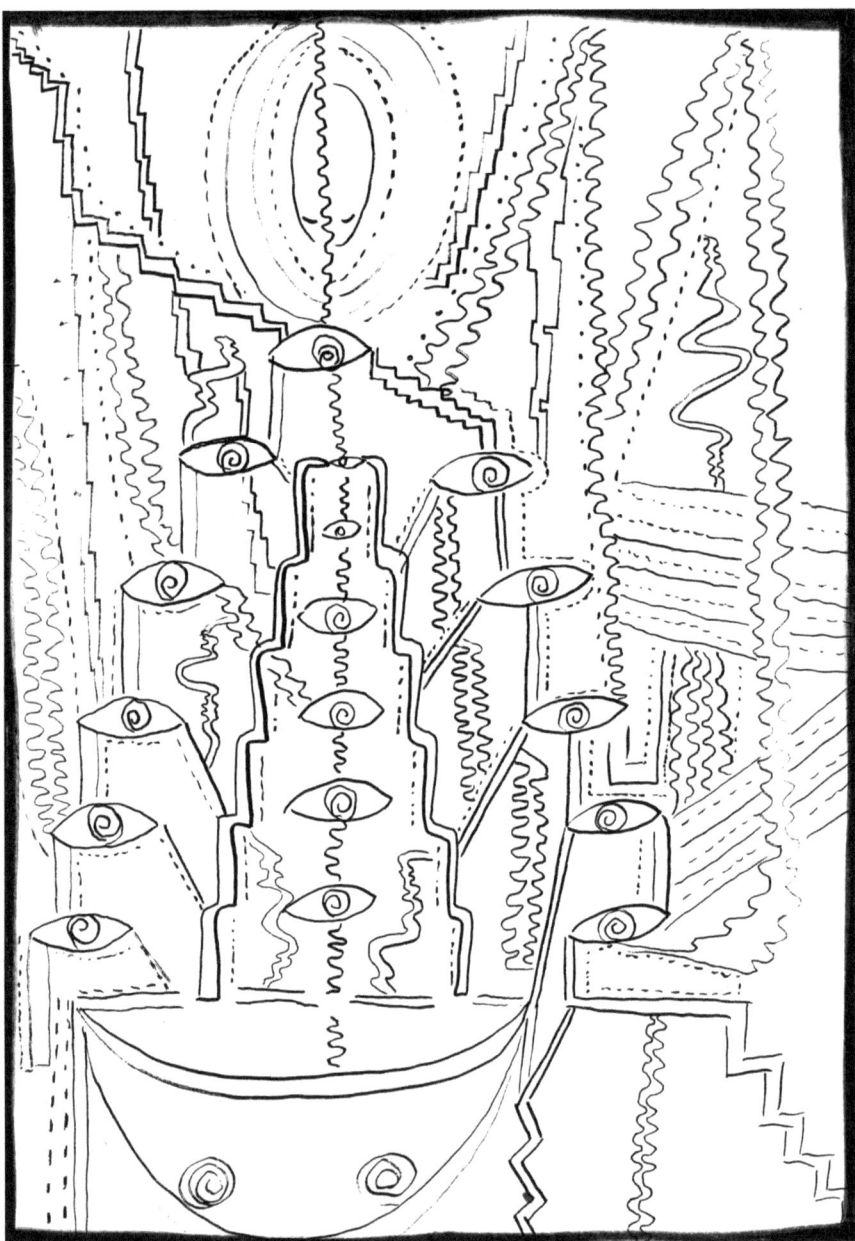

*Scheitern der Menschheit, des Einzelnen*

Scheitern der Menschheit: der homo sapiens ist ein gefährlicher Ausbeuter. Möglicherweise scheitert die Menschheit gesamthaft an der Autodestruktion: wenn die Lebensgrundlage der Erde und der Vielfalt der Lebewesen darauf zerstört wird.

Gehen wir näher auf das Scheitern des Einzelnen ein:
Jesus am Kreuze, kurz vor dem Tod, schrie: „Mein Gott, mein Gott, warum hast du mich verlassen?" (Mattheus 27, 46, Markus 15, 34). Dieser Verzweiflungsruf ist heute noch erschütternd, weil er in der Empathie die Frage auftauchen lässt, ob Jesus damals sein Vorhaben als gescheitert ansah. Noch war ja die rezente Erwartung des Heils, noch nicht die postponierende „Verschiebung" auf die Zeit nach dem Tod (Auferstehung, Jüngstes Gericht, Paradies).

Ein Mensch kann an einem zu hohen Ziel scheitern. Denken Sie an Rilke (1. Duineser Elegie): „Ja die Frühlinge brauchten dich wohl und es muteten manche Sterne dir zu, dass du sie spürtest. Das alles war Auftrag." Wer würde nicht – wie Rilke selbst – am ernsten Versuch, solchem Anspruch voll, im Augenblick und lebenswährend zu genügen, scheitern?

Wer als Meditand zu viel begehrt an Fortschritt, Leichtigkeit, Geborgenheit, gar Erleuchtung, kann gerade an der zu seiner Persönlichkeitsreifung inadäquaten Erwartung scheitern. Ähnliches trifft man, wenn Meditationsmethoden, spirituelle Übungen als „Therapie" angepriesen werden.

Wer in hohem Streben ein reines Ohm (Aum) als Mantra intonieren will, ehe er in seiner Entwicklung der Ausrichtung auf das Eine und in der „Reinigung" von Unwissen, Gier und Haften an Bildern, Vorstellung,

## Scheitern der Menschheit, des Einzelnen

Wollen genügend weit gekommen ist, wird scheitern. Oft scheitern da gerade Menschen, die dem Anschein nach, in ihrem äusseren Gehabe und ihren eloquenten Predigen weit fortgeschritten erscheinen (Beispiel im 20. Jahrhundert Osho Rajnesh): unechte, nicht voll integrierte („gespaltene") Persönlichkeiten.

Manche, nicht wenige, scheitern an der Sinnfindung. Sie suchen den Sinn in den Dingen draussen oder „im Leben", das sie ja selbst sind, wie Kristalle im Schottergestein. Das ist ein irrendes Suchen. Die Dinge „sind" Gestalten im Bewusstsein. Der Sinn ist nicht als Objekt zu entdecken, sondern Sinn wird im Bewusstsein geschaffen: der Mensch ist sinnstiftend.

Andere scheitern im Versuch, ein rechtes Leben, geführt von Ethik und Moral, zu führen, und schlittern in Verfehlungen, werden schuldig: sie scheitern am moralischen Selbstanspruch und den soziokulturellen Erwartungen. Vielleicht war der Anspruch unrealistisch hoch, wurde die Macht der Triebe und Affekte nicht genügend berücksichtigt, gelang die integrative Balance zwischen Antrieben und Kontrollen nicht.

Die Integration verschiedener Funktionen im mentalen Bereich ist für viele eine schwierige, zu schwere Aufgabe – es gelingt ihnen nicht, zu einer schlichten ehrlichen Einfachheit zu kommen: Unechtheit, Fassadenschutz (Persona), falsches Selbst und Leihidentität (Winnicott), alternierende, gar multiple Persönlichkeit, Desintegration, Dissoziation, Dekomposition, Fragmentation sind mögliche Folgen.

Bei zu facettenreichen histrionischen Persönlichkeiten, die z.T. eine hohe assimilative und produktive Begabung haben, dabei aber der ernsten „nachhaltigen" Selbstkritik ermangeln und sich in schillernden Rollen wechselhaft präsentieren, gelingt die Selbstbewahrung und Entwicklung zu schlichtem bescheidenen Selbstsein in Lauterkeit, Echtheit, Verantwortung nicht – sie scheitern letztlich trotz Verehrung und Ruhm.

Histrioniker (ausserhalb der Pathologie) können in ihrer Selbstwerdung an der Fluktuation zwischen Überadaptation und kontrastierender Selbstpräsentation in trotzig-anspruchsvoller Anflehung, hyperbolischer Assimilation von Vorbildern, mangelnder Abgrenzung, Diffusion mit Heterogenem scheitern.

Das Gegenstück, rigide bis anankastische Persönlichkeiten, scheitern an ihrer der lebendigen Vielfalt nicht gemässen starren Einlinigkeit, dogmatischer Orthodoxie, Monomanien, Ideologien, Fanatismen[22].

Vielfach sind die Beispiele des Scheiterns am Personsein, dem klaren Verhältnis zu sich selbst (Identitätsunsicherheit, multiple Identitätsfacetten), zur Mitwelt (Egoismus und Humanität im Widerspruch), zur Sachwelt (Umgestaltung, -deutung der „Sachen" im projektiven Austrag der eigenen Problematik und Ideologie; z.B. Freud), zur Transzendenz (spirituelle Krise, Egotrip, Pseudoguru, Guruismus).

Scheitern an antizipierenden unrealistischen Bewertungen:

Ein Mensch kann scheitern, weil er zu hohe Ansprüche und/oder zu vorwegnehmend enge Erwartungen an das Leben hat. Der Pessimist scheitert, gerät in verhärmte Verbitterung, weil er sich zu sehr auf Negativbewertungen schrumpfen liess und in der Fixation auf Dunkles, Schweres die Sonne, das Licht, die Helligkeit des Guten, Schönen, der Freude ausblendet. Der naive, besinnungslose Hedonist scheitert am Lebensziel von Genuss, Maximierung von Lust und Macht, weil spätestens im Alter mit Krankheit, Schwäche, Abhängigkeit die leidvolle Seite des Lebens nicht mehr aus dem Bewusstsein „dissoziiert" werden kann. Wie viel an der Masse von „Depressionen", Erschöpfung, Angst,

---

[22] Der Vergleich des rigid-zwanghaft-paranoid-hypochondrischen Freud, der seine Linie stoisch bis zum Tod einhält, und des histrionisch-fluktuierenden, mythisierenden, ständig der klaren Linie und verbindlichen Stellungnahme ausweichenden Jung, der im Alter in die Rolle des Weisen schlüpfte, ist diesbezüglich illustrativ.

Schmerzen in verschiedenen Bereichen des Leibes weckt heute in den Industrieländern Krankheitsgefühl und Heilungsverlangen, weil das Schwere in falscher Einstellung verleugnet wurde und der Anspruch in der verwöhnt-verweichlichten Kultur auf happiness and lust, Wohlbefinden und Sicherheit als rechtmässiger Anspruch gilt. Dann trifft Krankheit, Unfall, Unglück unvorbereitete Opfer, die in Selbstmitleid und Hilfsbegehren fixiert bleiben.

Wer scheitert? Immer die Person, das ichhafte Subjekt in seinem Selbstsein. Der Mensch scheitert, nicht die Einzelfunktionen (Kognition, Realitätssinn, Orientierung, Regulation von Emotionen, Affekten, Trieben), deren ungemässer Einsatz oder Ausfall Anlass zum Scheitern geben kann. Denn das Ich/Selbst integriert und kontrolliert diese Funktionen, wacht über Afferenz und Efferenz, über den äusseren und inneren Zustrom und die Reaktionen darauf.

Daher gilt: in Krise und Scheitern zeigt sich der Kern der Person. Da fallen Masken, Fassaden, Attitüden, Schaustellerei ab; da stellt sich das wahre Selbst (Winnicott), das echte Wesen eines Menschen zur Bewährung – also auch seine Schwächen, Unsicherheiten, sein Zagen, vielleicht Verzagen. In diesem Sinne können Krisen und sogar Scheitern reinigend, befreiend eine Neuorientierung an sich und seinem Lebenslauf einleiten. Dazu mitzuhelfen kann wertvoll und schön sein.

*Disposition zum Scheitern*

Bei den subjektdeterminierten Fällen von Scheitern ist es ein falsches, unechtes, entliehenes Selbst oder ein im weiten Sinn schwaches Selbst mit unsicherer Identität, schlechter Emotionsregulation, Affekt-, Trieb-, Impulsbeherrschung, eine heterogene „Komposition" des Selbst aus Unsicherheit, Grössenideen, Machtstreben, Selbstüberschätzung, Neid, Eifersucht, Egoismen mit unbescheidenem Anspruch an die Welt und überhöhter Einschätzung der eigenen Originalität. Eine Rigidität, die Unsicherheit, Angst, Scham bis zum Zwanghaften zudecken soll, bedeutet durch den Mangel an Flexibilität Gefährdung für Entgleisungen.

Verwöhnte, verweichlichte Menschen mit Selbstmitleid sind wahrscheinlich für das Scheitern im rauhen Anspruch des „Lebenskampfes" gefährdet.

Menschen mit wenig oder keinen Alternativen sind hilflos in Krisen und können ins Scheitern geraten. Sie können nicht in Bescheidenheit, Demut, Selbstrelativierung verzichten, entschliessen sich nicht oder zu spät zur Umkehr, zu alternativen Wegen, bringen keine Neuorientierung zuwege. So bleiben manche in der fixierten Rollenidentität „Ich bin ein Opfer von..." (der Eltern, der Gesellschaft, des Missbrauchs, der Psychiatrie etc.) stecken[23].

Manche haben zu wenig Vorsicht, Gefahren voraus zu ahnen, und können ihre eigenen Fähigkeiten nicht realistisch einschätzen und berücksichtigen. Die Unfälle der High-risk-„Sportler" sind die Folge. Mangel an Selbstvorsorge und Vorsicht im Sich-einlassen, promiskuitives Beziehungsverhalten wird in Subkulturen als „cool" gewertet –

---

[23] S. dazu Wright & Cummings 2005.

und kann zum Scheitern einer gesunden Lebensführung und stabiler Bindung führen.

## Wirkungen und Folgen des Scheiterns

Je nach Anstoss des Scheiterns, subjektabhängig oder nicht, je nach der Persönlichkeit des Betroffenen sind die Reaktionen ganz verschieden in Intensität und Qualität.

In schweren akuten Fällen kann der Betroffene in entrückte Bewusstseinszustände fallen, eine Art Trance (Absence, Dämmerzustand, Oneiroid), also gewissermassen wegtreten: in einen dissoziativen Bewusstseinszustand geraten. Andere können im Stupor erstarren, akinetisch oder bebend vor Erregung mit Äusserung lallender Laute, manche schreien, andere bleiben völlig stumm. Parakinesen und Fixierung des Blickes auf Anderen Unsichtbares können vermuten lassen, dass so ein Mensch halluziniere, Visionen, Auditionen erlebe. Auch akute desintegrative Psychosen, leiblich-psychische Zerfallserlebnisse kommen vor (s. nächstes Kapitel).

Manche Menschen kreischen, stöhnen, weinen, ringen die Hände, schlagen sich selbst mit Händen oder Fäusten, wälzen sich am Boden, klammern sich an andere.

Die unheilsame Folge des Scheiterns ist die Überschwemmung der Person mit Angst, Panik, Agitation, gar Aggression oder die Erstarrung in Akinese und Mutismus (katatoner Stupor). In leichteren Fällen wird Trauer, Peinlichkeit, Versagensgefühl, Scham, Schuld die Stimmung beherrschen.

Stille Reaktionen sind Rückzug in Trauer und Resignation, Abkapselung in Versunkenheit bei erhaltenem Realitätsbezug. Gefasste Menschen behalten ihre contenance, bleiben ruhig, vielleicht stiller als sonst und

weniger offen für Aussenkontakte.
Lang anhaltende Veränderungen nach Erlebnissen des Scheiterns sind an den Spätfolgen schwerer Belastungen zu beobachten: eine vita reducta, chronische Dysphorie, u.U. moros, Groll, Reizbarkeit, Misstrauen, geplagt von Flashback-Erlebnissen, Albträumen, Schlafstörungen – mit vielen begleitenden Leibmissempfindungen. Süchte (Alkohol, Beruhigungs- und Schlafmittel) führen in einen zum Negativen geneigten Prozess.

Chronische Folgen von Scheitern sind Verbitterung, verhärmte Einengung und Fixierung, oft mit Selbstmitleid und Fremdbeschuldigung, reizbar-dysphorischer Stimmung, Groll, Ressentiment. Linden und Märker (2011) diskutieren ein „Embitterment Syndrom" (Linden) nach Unrechtserfahrungen, Verletzungen des Selbstgefühls – in diesem weiten Sinne „Kränkung". Die posttraumatische Belastungs- und Anpassungsstörung kann, wenn Beeinträchtigungsgefühle (gar -wahn), Wut, Trotz, Rache, Kampf aufkommen, bis zur Paranoia querulatoria (Wahn des erlittenen Unrechts und Rache, Kampf) gehen. Michael Kohlhaas (s. Kleist) geriet nach der Kränkung in Racheaktionen, die immer weitere Kreise zogen, masslos wurden. Das war aber keine Paranoia (es war ihm tatsächlich Unrecht angetan worden). In der Haft entwickelte Kohlhaas einen Wahn des Unterganges, aber nicht einen Querulantenwahn.

*Die Verarbeitungsweisen*

Die Verarbeitungsweisen des Scheiterns sind ähnlich wie die Reaktionen sehr verschieden und bestimmt von der Persönlichkeit des Betroffenen und der Schwere und Art des zum Scheitern führenden Ereignisses. Manche Menschen können eine solche Erfahrung „wegstecken", beiseite legen, ohne sich weiter damit abzugeben. Andere können sich gedanklich und affektiv damit auseinandersetzen und das allmähliche Abklingen der Negativerfahrung in die Wege leiten. Eine konstruktive Weise der Verarbeitung ist, an Krise und Scheitern zu lernen: sich selbst besser einzuschätzen, bescheiden zu werden, realistischere Ziele zu setzen, überhöhte Ideale zu korrigieren, Methoden des Vorgehens zu verbessern. Das heisst Folgen bedenken.

Wilhelm Busch spielt auf die Verstiegenheit in seinem humorigen Spruch an:

> Wenn einer, der mit Mühe kaum
> gestiegen ist auf einen Baum,
> schon meint, dass er ein Vogel wär –
> so irrt sich der.

*Hilfen* bei der Bewältigung von Erfahrungen des Scheiterns sind zu gewinnen aus dem Beistand, stützende, freundschaftliche oder therapeutische Beziehung, emotional-empathische Begleitung und kognitive, klärende, einordnende Durcharbeitung des Ereignisses und seiner Vorgeschichte, Sichtung und Stärkung der Verarbeitungsmöglichkeiten. Im geschützten Bereich von Vertrauten kann der Katharsis der Erschütterung, Angst, Wut, Ratlosigkeit eine Stätte gegeben werden. Heute bietet die Psychotraumatologie eine Reihe von „Therapien" an (die oft sehr technisch-strategisch anmuten)[24].

---

[24] Zu der Modewelle der Gruppenintervention für Traumatisierte und die Gefahren mancher „Therapien" siehe Wright & Cummings 2005.

## Scheitern im Blick auf die Psychopathologie

Der volkstümliche Ausdruck „Nervenzusammenbruch", nervous breakdown, nennt das Scheitern geradezu: Desorganisation, Desintegration, Dysfunktionalität.

Die Krankheits-Gruppierung folgt auch heute noch dem nosologischen Modell von Kraepelin (weshalb man auch von Neo-Kraepelinismus spricht), besonders was die grossen „Einheiten" der Emotionskrankheiten und der Schizophrenien betrifft. Viele Syndrome sind als „Störungen" (disorders) in ICD und DSM aufgelistet. Das ist hilfreich für die internationale Verständigung, vergleichende Epidemiologie. Aber es ist keine Basis für empirische Grundlagenforschung (Genetik, Epigenetik, Neurophysiologie) und auch nicht für die Psychopharmakologie (weil die meisten Psychopharmaka nicht diagnosen-spezifisch wirken). Die grossen Gruppen von Kraepelin sind unscharf begrenzte und konfluierende klinische Typen, keine nosologischen Entitäten.

Die Forschungen und folgenden Aussagen zu affektive and schizophrenic disorders stehen auf ungenügend valider Basis – sind also zum Scheitern gefährdet. Z.B. die generelle Aussage: Schizophrenia is a neurological disorder.

Die Kausalmodelle zur Entstehung psychiatrischer Krankheiten liegen in den Annahmen Somatogenese, Psychogenese, Soziogenese vor, oft im somato-psycho-sozialen Verbund (Engel 1980). Die impliziten Vorannahmen in solchen Modellen bleiben unreflektiert und können so beitragen zum Scheitern solcher Modelle in ihrem Erklärungswert für bestimmte Syndrome grundsätzlich oder auch im individuellen Krankheitsereignis. Somatogenese bezieht sich auf Postulate (wie z.B. bei Griesinger 1845) zugrundeliegender Hirnstörungen, die für psychologische Auslöser empfindlich machen (Disposition). In der Geschichte der Psychiatrie schwanken die Vorstellungen darüber, welchen Anteil jeweils erfasste mikroskopische und/oder funktionelle Störungen im Gehirn an der Manifestation bestimmter Syndrome haben. Um 1900 und ähnlich um 2000 dominierten die Neurophathologie-Modelle. Konkurrierend waren psychologische Pathogenese-Deutungen schon im 19. Jahrhundert (z.b. passiones bei Esquirol, Leidenschaften Ideler) und dann wieder unter dem Einfluss der Psychoanalyse (Freud vertrat klar die Psychogenese auch schwerer Psychosen, s. seinen Schreber-text 1911, Jung die „Psychogenese der Geisteskrankheiten" 1907, 1911). Dann kam die sozialkritische Deutung auf (Laing 1960), die in der Antipsychiatrie gipfelte. Auch dieses Modell scheiterte im Erklärungsanspruch und besonders an der Erwartung an therapeutische Erfolge aus diesem Ansatz.

Das Scheitern monoideistischer sowohl wie der kombinierten Modelle ist schon in den unreflektierten Vorannahmen vorbereitet. Die Psyche ist als eigene ontologische Entität nicht zu fassen, sie „entgleitet" konzeptionell in der Konfluenz mit dem Lebendigen. So sehr berechtigt und hilfreich ein epistemischer Leib-Seele-Dualismus ist, so sehr führt ein ontologischer Dualismus zum Scheitern an den Fragen der Priorität, gar Emanation des Psychischen, der Interaktion, der Zuschreibung vom hervorbringenden „Grund" für das Mentale, das evolutionär schon in den Tieren funktioniert. Grenzen und Tiefe der Psyche sind nicht deutlich. Hirnanatomie und Physiologie können korreliert werden mit psychischen Funktionen und Ausfällen. Voraussetzung mentalen Funktionierens ist das Gehirn, dieses ist vom Funktionszustand des gesamten (lebendigen) Organismus abhängig. Aber Gehirnvorgänge erzeugen nicht (kausal) differenziertes mentales Geschehen. Funktionsvoraussetzung ist nicht Ursache. Mit der Frage, wie Psyche und Soma interagieren (auch noch „das Soziale"), ist im Ansatz, den impliziten Voraussetzungen, schon Scheitern vorbereitet. Für die empirische Forschung muss die Perspektivität und zugehörige Methodik berücksichtigt werden. Sonst werden Korrelationen als Kausalverknüpfung missdeutet, das „Psychische" als Gehirnerzeugnis genommen. Ein weiterer Gesichtspunkt, der das Scheitern vieler Modelle verstehen lässt, ist die Tendenz zu generalisierenden Aussagen: „psychische Störungen", „Psychosen" (speziell Schizophrenie und Affektkrankheit) seien „neurological disorders".

Wissenschaft muss den Gegenstand ihrer Forschung klar präzisieren (Beobachtung, Beschreibung, Terminologie, diagnostische Kriterien im Quer- und Längsschnitt), die eigene Perspektive und davon bestimmte Methodik klar stellen – das heisst aber auch schon die Grenzen ihrer Aussagemöglichkeiten. Die heute gängigen „Diagnosen" taugen dazu wenig. Generalisierende Aussagen über „Schizophrenie" haben keine valide Basis. Dasselbe gilt für die meisten anderen Diagnosen. Dass psychiatrische Syndrome Erkrankungen des psychophysischen Organismus anzeigen, wird oft auf die Seite Physis, Gehirn, Körper verschoben. Die Korrelation psychopathologischer Syndrome mit einer allgemeinen Morbidität muss noch stärker beachtet werden.

Die Suche nach und Konstruktion von psychischen Krankheiten als nosologischen Entitäten geschieht unter der impliziten, meist nicht expliziten und reflektierten Vorannahme des ontologischen Dualismus. Es ist aber nie „nur" Seele (Psyche, mind) krank (leidend und funktionsbeeinträchtigt) oder „nur" das Gehirn. Die schwierige Aufgabe ist das Ernstnehmen des lebendigen Organismus als psychophysische Einheit (was theoretisch leicht zu fordern, in praxi nicht leicht zu vollziehen ist). Die heutige Forschung weiss von einer allgemeinen, Leib und Seele einbeziehenden, psychophysischen Morbidität. Es geht nicht um die Kombination von mehreren Krankheiten (Komorbidität), sondern um

Kosyndromatik, d.h. die Kombination von Syndromen. Es gibt offenbar Konstitutionen, die für die Manifestation psychopathologischer und somatopathologischer Syndrome disponiert sind. Der Forschungsstand spiegelt uns diese somato-psychische Morbidität als Korrelationen, z.b. von Emotionskrankheiten und Schizophrenien mit Krankheiten von Kreislauf, Bluthochdruck, Herz-, Gehirndurchblutungsstörungen, Diabetes, Asthma, Nieren-, Leber-, Hauterkrankungen (Neurodermitis) u.a. Es lassen sich spezielle (überschiessende) Entzündungsreaktionen, die sich in dem Endothel der kleinen Gefässe und sekundär in den Zellen und Organen auswirken, als gemeinsamer Nenner vermuten.

Zum Zustandekommen der konkreten Manifestation der somato-psychischen Syndrome ist eine Interaktion von genetisch-epigenetischen Faktoren anzunehmen. Die genetische Matrix zu Gesundheit oder Krankheit (mit dimensionalen Übergängen) wird aktualisiert oder bleibt brach liegen je nach den somato-psycho-sozialen Einflüssen. Dabei sind unterschiedlich sensible (vulnerable) Entwicklungsabschnitte vorzustellen. Stressoren sind nicht per se pathogen. Lebendiges braucht Inanspruchnahme, aktivierende, ver-, bestärkende Einflüsse („Eustress"). Disstress hängt von dem betroffenen Individuum ab, seinem Verhältnis von Vulnerabilität und Resilienz. Dabei muss man an idiosynkratisch, d.h. ganz auf das Individuum „passende" pathogene Stressoren, einzeln oder in Kombination, nach Aspekten der Quantität und Qualität denken. So ist die Komplexität dieses Gebietes zu ahnen, die Schwierigkeit der Umsetzung in transparente empirische Forschung.

*Reaktive Syndrome*:
Die Folgen von überlastenden, traumatischen Erlebnissen sind im Diagnosenmanual als „Anpassungsstörungen" bezeichnet. Dazu gehören die posttraumatischen Störungen. Die Vorstellung ist, dass die

Bewältigungs- und Anpassungsmechanismen (Coping) versagen. Das Spektrum der Erscheinungen (psychopathologische Syndrome) ist vielfältig je nach den Zeitkriterien akut und chronisch und je nach der vorherrschenden Emotionslage und dem Interaktionsverhalten: depressiv, reizbar, aggressiv, mürrisch, negativistisch, abwertend, abweisend, klammernd, appellativ, fordernd. Auch vorwiegend ängstlich-unsichere Grundstimmungen kommen vor, geplagt von lebhaften Wiederholungen der Negativerfahrung (flash back) im Wachen und/oder in Albträumen. Die depressiv-morosen Syndrome, Gekränkt- und Beleidigt-Sein, verhärmt, resigniert, demoralisiert, werden neuerdings Bitterkeits-Syndrom genannt (Linden und Märker 2011). In kurzen reaktiven Psychosen können Verwirrung, Oneiroid, Halluzinationen, Illusionen, Wahn auftauchen.

In paranoiden Verarbeitungen dominiert Argwohn, Misstrauen, permanente Bereitschaft zum negativen Eigenbezug von Ereignissen: man will mir übel, tut mir absichtlich Böses an, konkret oder durch schwarze Magie, sabotiert meine Mühen, intrigiert gegen mich, legt mir Steine in den Weg, etc. Wenn Hass und Kampfbereitschaft dazu kommen, spricht man von Kampfparanoia (Paranoia querulatoria, Querulantenwahn). Kleine Unrechtserfahrungen können bei aggressiv-reizbar gestimmten Menschen zu gehässigen Querelen, verbalen oder tätlichen Aggressionen führen: Das gekränkte Ich will sich im Kampf behaupten[25].

---

[25] Kretschmer hat den sensitiven Beziehungswahn am Beispiel des Hauptlehrers Wagner dargestellt. Dieser hatte nach einem sodomitischen Akt, geplagt von Scham, in der er meinte, alle wüsten davon und erzählten es weiter, aus Rache das Dorf angezündet. Der Stachel des gequälten Gewissens, diese Selbstkränkung, trieb ihn zu Externalisierung: Die Anderen wissen von mir und spotten. Daraus wuchs der hyperbolische Racheakt. Wagner war zur Begutachtung durch Gaupp, den Lehrer Kretschmers, zur Beobachtung gekommen.

Im Blick auf die *Entwicklungsaufgaben* zeigen sich viele Klippen, an denen einzelne Menschen bis zur Manifestation psychopathologischer Syndrome scheitern können. Beispiele sind die *Anorexien* mit ihrer grundlegenden Ablehnung des eigenen Leibes, seiner Gestalt und Geschlechtsausprägung, der negativen Selbstbewertung als unförmig bis eklig. Die Ablehnung des Leibes kann dabei das auffällige Ziel sein, wobei es „eigentlich" um eine globale negative Selbstbewertung, ja von Scham, Ekel, Selbsthass getragene Verurteilung des Selbstseins geht. Bei sthenischen Anorektikerinnen kann die exzessive Ausbeutung des Körpers im Sport triumphal erscheinen. Bei selbstschädigenden Anorektikerinnen (Automutilation) wird der gehasste, als eklig gewertete Körper, in welchem die Person sich nicht „lebhaft" spürt (sog. Depersonalisation), verletzt, verunstaltet, gepeinigt. Während bei der „reinen" Anorexie der Nahrungsentzug wie ein Triumph über die „niedrigen" Triebe erscheint, erliegt die Bulimikerin dem Esstrieb – und muss sich dann durch Erbrechen, Abführen von dem als Versagen empfundenen Essanfall „reinigen".

Im *Erwachsenenleben* sind Entscheidungen für einen Beruf, eine Laufbahn, für Ehe und Familiengründung, für eine religiöse Konfession zu treffen, die für manche in ihrem Selbstsein unsichere Menschen, Identitätsunsichere, Selbstwertzweifelnde mit Ängsten vor Entscheidungen, Verantwortungsübernahme, Verbindlichkeiten, Loyalitätsverpflichtungen geplagte Persönlichkeiten zur Krise oder gar zum Scheitern führen.

Kierkegaards und Kafkas Rückzug von ihren Verlobten sind Beispiele für das Scheitern, ein sozial „normales" Erwachsenenleben zu führen. Der Jargon der Klinischen Psychiatrie nennt die Verlobungsdepression, Heiratskrise, Beförderungsdepression. Später kann der Pensionierungsknick, die Pensionierungsdepression anzeigen, dass der Mensch sich

## Scheitern im Blick auf die Psychopathologie

nicht auf Wandel und unausweichliche Veränderung eingestellt hat und sich rigid an seine Rolle klammert, die den Bestand seines Selbstseins garantieren soll.

Die Schwangerschaftsdepression mit Ängsten vor dem Bestehen der neuen Aufgaben, vielleicht manche postpartale Depression und klimakterische Depression gehören in den Bereich solcher Überforderungs-Reaktionen.

Das Scheitern an der Akzeptanz der anatomisch gegebenen Geschlechtszugehörigkeit und der Identifikation mit seinem Geschlecht (gender) und der zugehörigen sexuellen Orientierung führt in den *Transsexualismus*, wobei dem operativ und hormonell bewirkten „Umbau" oft ein jahrelanges Ringen auf dem Boden der *Gender Dysphoria* (dem Leiden am eignen, als falsch empfundenen anatomischen Geschlecht) voran geht.

Die *Emotionsregulation*, der Ausgleich von Stimmungen und Antrieben, gelingt manchen Menschen nicht. Sie werden als „emotional instabil" bezeichnet mit ihrem raschen Wechsel von gut und schlecht Gestimmtsein und korrespondierenden, oft impulsiven Verhaltensweisen. Gefühle, Emotionen, Affekte sind Ichzustände (ego-states). Die Wechselhaftigkeit spiegelt die schwankenden Befindlichkeiten des Selbstseins zwischen hoch bis überhöht und tief und das Beziehungsverhalten zwischen nahe, gar verschmelzend oder klammernd und distant bis abstossend, zwischen Idealisierung und Entwertung wider.

Auch die sogenannten *Affektkrankheiten* kann man unter dem Stichwort Scheitern ansehen: ein Scheitern der Affektregulierung in den fundamentalen psychophysischen Bedingungen des Organismus. Dann schwanken solche Menschen in Tiefs und Hochs der Stimmung: bipolare, manisch-depressive „Krankheit". Manche erleben immer nur depressive Phasen oder stecken dauerhaft im Tief: monopolare

Depression. Die Austragungs- und Verhaltensweisen sind individuell sehr verschieden, je nach Grundpersönlichkeit und Schwere. Die Fokussierung auf die Affektregulierung (und nicht auf depressive, manische, gemischte Verstimmung) regt die Forschung zu weiteren Fragestellungen an, auch in der Neurobiologie: nicht nur die Korrelation von neuraler Aktivität und Stimmung, sondern übergeordnet die der Regulation im Frontallappen des Gehirns zu beforschen. Modelle wie die, Depression als erlernte Hilflosigkeit (Seligman 1972), Unfähigkeit, sich adäquat gegen schmerzliche Einflüsse zu wehren, haben eine begrenzte Reichweite. Sie dürfen nicht ohne weiteres generalisiert werden für alle Formen des Depressivseins. Das gleiche gilt für das Modell negativer Kognitionen (Beck).

## Dissoziative Störungen

*Von der Abspaltung von Einzelfunktionen über die Dissoziative Identitäts-Störung zu den „Zerfallspsychosen" (Schizophrenien)*

Scheitern in der genauen Wortbedeutung von Zerspaltung ist besonders eindrücklich in den non-kohäsiven psychopathologischen Syndromen. Da ist das Zerbrechen, der Zerfall, die Fragmentation, die Dissoziation einzelner Funktionen oder gar des zentralen Ich/Selbst-Bewusstseins (im psychophysischen Sinn von eingeleibtem Ich) zu beobachten.Wenn einzelne Funktionen wie Bewusstseinspräsenz, Gedächtnis, Sprechen, Sinneswahrnehmung, motorische Aktivität ausfallen, wie abgetrennt erscheinen, so reiht man das unter die dissoziativen Störungen. Ist gar die Selbstidentität wechselnd wie bei der multiplen Persönlichkeit, so spricht man heute von Dissoziierter Identitäts-Störung[26]. Das Scheitern der Synthese, der kohärenzstiftenden Integration, von Teilaspekten (subpersonalities, subselves) nennt man horizontalen Split (gegenwärtig in einer Ebene), die Abspaltung von Bewusstsein in das (hypothetische) Unbewusste (Verdrängung, Unterdrückung) vertikalen Split. Dem Kliniker zeigt sich ein Kontinuum von als dissoziativ zu deutenden Symptomen von funktionell-nützlich über einzelne Ausfälle (z.B. dissoziative Aphonie) zur multiplen Persönlichkeit und dem Ich-Zerfall bei den Schizophrenien (Scharfetter 1999, 2008)[27].
Die schwersten Formen des Scheiterns in makabrer Wörtlichkeit sehen wir in den Zerfallspsychosen, später (1908, 1911) von Eugen Bleuler mit dem aus dem Griechischen entnommenen Neologismus Schizophrenie

---
[26] S. Michelson & Ray 1996, Scharfetter 1999.
[27] In der Modewelle Dissoziative Identitäts-Störung besteht eine Tendenz zum overdiagnosing und hinsichtlich Ätiologie eine unkritische Kausalzuschreibung an sexuellem Missbrauch.

(„gespaltener Geist") bezeichnet. Da erlebt der Kranke den Zusammenbruch, die Auflösung des Ich in den Dimensionen der Vitalität, Aktivität, Konsistenz-Kohärenz, Demarkation, Identität (s. Ich-Psychopathologie Scharfetter 1995, 1996, 2011). Diese Erfahrung des Scheiterns des Ich-Bestandes ist selbst traumatisch – mit entsprechenden Ängsten vor weiterem Scheitern. Die vielfältigen klinischen Erscheinungen ergeben sich direkt aus der Ich-Dissoziation und aus reaktiven Abwehr- und Selbstrettungsversuchen (Scharfetter 1995).

*Psychopathologie in der Perspektive auf das Ich*
Das Spektrum der psychiatrischen Krankheitsbilder kann im Blick auf die Pathologie des Ich dargestellt werden, weil ja in jedem psychopathologischen Syndrom das Ich/Selbsterleben betroffen ist.

| Pathologie des Ich – Psychiatrische Nosologie | |
|---|---|
| Das unreife Ich | Infantilismus, Retardierung, Regression |
| Das schwache Ich | Defizitäre Stärke und Autonomie, Selbstwert |
| | Narzisstische Störungen |
| | Diverse Persönlichkeitsstörungen |
| Das instabile, fluktuierende, segmentierte Ich | Borderline |
| Das dissoziierte Ich | Dissoziierte Identität (multiple Persönlichkeit) |
| Das zerspaltene, zersplitterte, zerstörte Ich | Schizophrenie |
| Das niedergedrückte und eingeschlossene Ich | Depression |
| Das überhöhte, gesteigerte, exaltierte Ich | Manie |
| Werkzeugstörungen des Ich | Zerebrale Schäden |
| Das erloschene Ich | Koma |

Tabelle 1: Pathologie des Ich – Psychiatrische Nosologie.

## Scheitern der Kohärenz

In diesem Text sollen zwei diagnostische Gruppen etwas näher betrachtet werden: die Dissoziativen Störungen und die Schizophrenien. Sie treffen und überschneiden sich im dimensionalen Übergang. Gemeinsam ist ihnen das Interpretations-Modell Dissoziation, das im weiten Spektrum von psychohygienisch und autotherapeutisch nützlichen Abschaltungen einzelner psychischer Funktionen über die Dissoziierte Identitäts-Störung (Multiple Persönlichkeit) bis zu den Störungen der elementaren Ich-Dimensionen bei den schizophrenen Ich-Krankheiten angewandt wird: die schwere Dissoziation, Desintegration, Fragmentation, Auflösung des Ich.

| Dissoziation / désagrégation – Wortbedeutung | |
|---|---|
| Grex, gregis | Herde, Gruppe |
| Aggregare, adgrego | sich einer Gruppe anschliessen, bei-, zugesellen |
| Segregare, segrego = désagrégation | Absondern, trennen, zerstreuen (Teile, Elemente, Komponenten können intakt bleiben) |
| Synonyme:<br>sejunctio, disjunctio<br>separatio<br>dissociatio, dissolutio, decompositio | Auflösung der Vereinigung, Zerstreuung |
| dissolvere, dissolvo<br>dissociare, dissocio | auflösen, trennen, spalten |
| Disintegration, Dysharmonie, Dissonanz, Dissipation, Diskontinuität | |

Tabelle 2: Dissoziation / désagrégation – Wortbedeutung.

NB: Dissociation/désagrégation als Trennung von Zusammengefügtem, Vereintem, Verbundenem impliziert nicht notwendig Zerstörung, Fragmentation der Teile!

Dissoziation kann also als Oberbegriff gesehen werden, Fragmentation ein destruktiver Spezialfall von Dissoziation: Teile des vorherigen Ganzen sind zerstört.
- Dissoziation ist weiter Begriff, bezieht sich auf viele Aspekte der Psyche, des Feldes des Mentalen.
- Fragmentation reserviert für Ich-Spaltung: splitting of the ego, clivage du moi.

Dissoziation kann nicht direkt beobachtet werden, sondern Beobachtungen können mit dem Begriff „Dissoziation" interpretiert werden. Der Blick in die Literatur zeigt schnell, wie viele Anwendungen da ins Spiel kommen.

*Dissoziation – Bedeutungen*

Dissoziation wird als Interpretations-Instrument (Modell) für sehr verschiedene Beobachtungen in- und ausserhalb des Pathologischen gebraucht
- *Trennung* von bewusst/unbewusst (s. Verdrängung, repression)
- *Ausschaltung* von bestimmten Bewusstseinsfunktionen: Perzeption, Mnesis, Bewusstseinsklarheit, -umfang, -flexibilität, Intentionalität (z.B. Motorik, Denken), Selbsterfahrung (Depersonalisation), Umgebungserfahrung (Derealisation) u.a.
- *Selektion, Prädilektion*: fokussierter Bezug auf, Einsatz von selegierten (ausgewählten) Persönlichkeitsbereichen zwecks funktioneller Verfügbarkeit (auch als Isolation bezeichnet).
- *Fluktuation* (spontan, situagen) verschiedener Ich-Zustände (shifting ego states).

- *Einschalten* von, *Kippen* auf andere Facetten der Persönlichkeit (vgl. Kaleidoskop), z.B. öffentliches vs. privates Selbst.
- *Desintegration*: Verlust/Fehlen des Zusammenspiels der Teile, Komponenten. Kann Folge sein von Dissoziation, Destrukturierung, Dekomposition, Dysfunktion des Systems.
- *Alternieren, Polarisierung* heterogener Persönlichkeitsanteile und ihrer objektbezogenen kognitiven Wertmuster: split in all good – all bad.
- *Segmentierte Persönlichkeit*: unvollständige heterogene (bezügl. Reifung, Selbstbild) Persönlichkeitsanteile dominieren je nach Situation und Stimmung.
- *Trennung/Separation* verschiedener Persönlichkeitsanteile, Teil-Identitäten (subselves, subpersonalities), relative Verselbständigung, *Duplikation* (Janet), *Multiplikation*: funktionell: beim Dichter Freud 1908, beim Okkultisten Jung 1902; pathologisch: multiple Persönlichkeit, dissoziative Identitätsstörung.
- *Fragmentation* elementarer Ich-Dimensionen (Ich-Störung im Schizophrenen Syndrom).

Es ist deutlich: Dissoziation ist ein unscharfer Begriff für hypothetische Vorgänge im dimensionalen Bereich zwischen „normal", „gesund" bis zu schweren Kohärenzzerstörungen in den schizophrenen Ich-Krankheiten.

**Dissociation/split**
Unscharfes Wort für verschiedene Vorgänge in- und ausserhalb des Pathologischen (Kontinuum):
- *Abtrennung/Ausschaltung best. psychischer Funktionen*: Wahr-

nehmung, Bewegung, Gedächtnis, Erinnerung, Selbstbild, Triebimpulse, Fremdbild. Dissoziative Phänomene.
- *Multiplikation: multiple Identitäten (multiple personality)*
- *Fluktuation verschiedener Ich-Zustände*: Fluktuation, shifting ego states. Segmentierte Persönlichkeit (borderline)
- *Fragmentation/Desintegration elementarer Ich-Dimensionen:* schizophrens Syndrom.

In psychodynamischer Deutung wird Dissoziation als Abwehrmechanismus genommen. Besonders bei den schweren Pathologien der Ich-Fragmentation ist aber zu überlegen, ob diese dabei deutend ins Auge gefasste Pathologie nicht eher als Versagen, Scheitern jeder Abwehr gedeutet werden sollte.

**Split**
*Spaltung, Dissoziation, Segmentierung*
Hypothetischer Abwehrmechanismus im Dienste der Selbstrettung des – von „innen" oder „aussen" – bedrohten Ich.

*Vertikaler Split:*
- ontogenetischer Split
  regressives Umkippen, Einschalten früherer, d.h. ontogenetisch älterer Ich-Zustände. Regressive Krisen

*Horizontaler Split:*
- Total: alternierende Persönlichkeit, Scheinpersönlichkeit
- Bewusstseins-Status: Austritt aus Tageswach-Bewusstsein, (Ausnahmezustände, Oneiroid, Dämmerzustand)
- Kognitiv-affektive Dissoziation: Trennung von Kognition und zugehörigem Affekt (A-thymie), paradoxer Affekt

## Dissoziative Störungen

- Abtrennung vom Über-Ich (Anethie, Soziopathie)
- Abtrennung vom Kontroll-Ich (Impulskontrolle)
  Segmentierte Persönlichkeit (Partialpersönlichkeit), verschiedene unverbundene Ich-Anteile
  Fragmentierung des „ganzen" Ich (Schizophrenie)

Im Blick auf Bewusstseinsfeld, Einzelfunktionen, Identität kann man das Gebiet der Anwendung des Dissoziationsmodells so darstellen:

| Dissoziation, Spaltung, split | | |
|---|---|---|
| Bewusstseinsfeld: Mittleres Tageswach-Bewusstsein | Ausseralltagsbewusstsein | Versunkenheit. Entrückung schamanische Seance psychogener Dämmerzustand |
| Präsentisches | entrücktes Ich | Depersonalisation Entgleitendes Ich |
| Beobachter-Ich | „Leib"-Ich | Heautoskopie Out of body experience |
| Erwachsenen-Ich | "Kind"-Ich | Alters-Regression Rückführung |
| Autonomes Ich | "abhängiges" Ich | Automatismen Hypnose |

Tabelle 3: Dissoziation, Spaltung, split.

*Persönliche Identität*:

- Alternierende Persönlichkeit mit Amnesie
- Multiple Persönlichkeit mit relativer Selbständigkeit der „Personen" ohne Amnesie
- Instabile/segmentierte Persönlichkeit
- Dissoziierte Persönlichkeit – fluktuierende Teilpersönlichkeit(en)
- Schizophrene Ich-Pathologie

Dissoziative Störungen

| | Andere Spaltungen |
|---|---|
| Gedächtnis | Psychogene Amnesie |
| Wahrnehmung | Skotomisierung, psychogene Blindheit |
| Kognition-Affekt | Affektabschaltung, Parathymie, Athymie, Anaesthesie |
| Motorik | Akinese (Katatonie) |

Tabelle 4: Andere Spaltungen.

Dabei kommt nun schon das weite Spektrum von dissoziativen Phänomenen in den Blick. In der folgenden Abbildung ist die mögliche Traumaätiologie berücksichtigt.

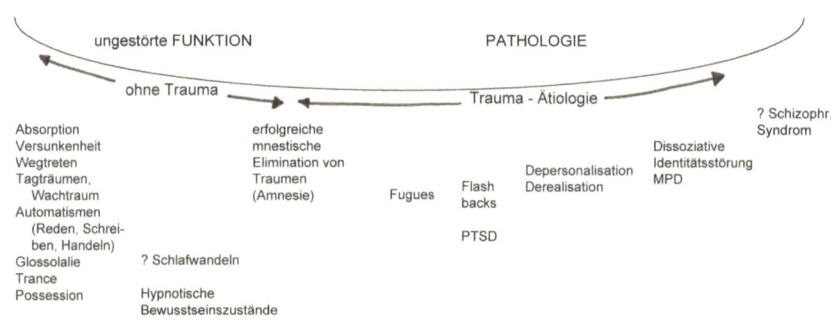

Abbildung 1: Dissoziation / Spektrum der Phänomene.

In der Perspektive auf das Ich ist das Spektrum zwischen den funktionstüchtigen einheitlichen und integrierten Persönlichkeiten über facettenreiche Vielfalt in verschiedenem Grad der Verbundenheit (Integration, Kohärenz) und den Fluktuationen von relativ selbständigen Teilpersönlichkeiten bis zu der schweren Dissoziation, Fragmentation, Auflösung des Ich bei den Schizophrenien dargestellt.

| Ich (experientielle Identität) | | eines | eines | eines | multiples | Untergang |
|---|---|---|---|---|---|---|
| Persönlichkeit | | einheitliche Persönlichkeit | Facetten der Persönlichkeit, des Charakters | Désagrégation Lockerung des Zusammenhangs Subselves kontrastreich nicht mehr ein Ganzes | Dissoziierte Identität alternierende Persönlichkeit multiple Persönlichkeit | Fragmentiertes desintegriertes Ich des Schizophrenen |
| Person Subjectum | | + | + | + | + | (+) |
| Dysfunktionalität Pathologie | | - | - | u. U. + | ++ | +++ |

Abbildung 2: Auflösung des Ich bei den Schizophrenien.

Das Gleichnis von Glas und Quecksilber (s. Scharfetter 2006) kann recht anschaulich die verschiedenen Arten von Dissoziation bei der Dissoziativen Identitätsstörung und den Schizophrenien beleuchten.
Quecksilber bildet eine Kugel, die durch einen Schlag in kleinere Kugeln („kleine Ganzheiten") aufgeteilt wird, die recht schnell wieder zu einem kohärenten, wohl abgegrenzten Ganzen zusammen kommen. Es kommt nicht zum Zersplittern, „nur" zur Teilung in Untereinheiten – das Gleichnis illustriert die Dissoziierte (Multiple) Persönlichkeit.
Glas hingegen, mit dem Hammer getroffen (s. Trauma), zersplittert, d.i. scheitert, in viele unregelmässige Fragmente, die nicht wieder zu einem Stück zusammen kommen (es sei denn in einem aufwendigen Schmelzprozess). Dieses Bild mag für die schizophrene Ich-Fragmentation stehen.

Gleichzeitig dient das Gleichnis zur Kontrastierung der Reparationsfähigkeit: Quecksilber zersplittert nicht, die Teile kommen leicht wieder zu einem Ganzen zusammen: die Dissoziierte Persönlichkeit ist *schizoprotektiv*, die Fluktuation verhindert die definitive Zersplitterung (mit seltenen Ausnahmen der Progredienz von multiplen Teilpersönlichkeiten in eine „volle" Desintegration). Das splitternde Glas hingegen ist durch seine Starre, Rigidität fragmentations-disponiert und die Resynthese ist schwierig.

*Dissoziative Syndrome*
In dieser Gruppe sind die Störungsbilder zusammen gestellt, die heute mit dem Denkmodell „Dissoziation" interpretiert werden[28]. Dabei werden die Wortbedeutung und Herkunft, die anthropologischen und psychologischen Vorannahmen oft nicht sorgfältig reflektiert. Das führt in manchen Kreisen zu einer Inflation des Gebrauches von „Dissoziation", oft verknüpft mit Overdiagnosing und übereifriger Kausalzuschreibung von sexuellem Missbrauch und suggestiver „Erzeugung" von falschen „Erinnerungen". Auch der Brückenschlag von psychologischer und neuroanatomischer Dissoziation (Konnektivitätsunterbruch von Nervenfasern, neuralen Übermittlungsstellen, zerebralen Funktionsschleifen) wird oft gar leichtfertig getätigt. Die heute gängigen diagnostischen Gruppierungen in DSM-IV und ICD-10 zeigt Tabelle 5.

Hier ist auf die Dissoziative Identitätsstörung zu fokussieren. Bei ihr kann durch Multiplikation, Dysharmonie der Subpersönlichkeiten am ehesten Desintegration und Scheitern in die Dysfunktionalität beobachtet werden.

---

[28] Zur Geschichte des Begriffs und den impliziten Vorannahmen über die Psyche s. Scharfetter 1999, 2000, 2011.

Dissoziative Störungen

| DSM-IV | ICD-10 |
|---|---|
| Dissociative Disorders | Dissoziative Störungen (Konversionsstörungen) F44 |
| Diss. Amnesia | Diss. Amnesie |
| Diss. Fugue | Diss. Fugue |
| Diss. Identity Disorder | Diss. Stupor |
| Depersonalization Disorder | Trance und Besessenheit |
| Diss. Disorder NOS | Diss. Bewegungsstörung |
| | Diss. Sensibilitätsstörung gemischt |
| | Sonstige (F44.8) |
| | - Ganser Syndrom |
| | - multiple Persönlichkeitsstörung |
| | - vorübergehende diss. Störungen des Kindes- u. Jugendalters |
| | - andere näher bezeichnete diss. Störungen |
| | - nicht näher bez. Diss. Störung (Konversionsstörung) |
| | Depersonalisations-Derealisationssyndrom (F48.1) |

Tabelle 5: Diagnostische Gruppierungen in DSM-IV und ICD-10.

**Dissoziative Identitätsstörung**
*Diagnostische Kriterien nach DSM-IV*

A) Die Anwesenheit von zwei oder mehr unterscheidbaren Identitäten oder Persönlichkeitszuständen (jeweils mit einem eigenen, relativ überdauernden Muster der Wahrnehmung, von der Beziehung zur und dem Denken über die Umgebung und das Selbst).

B) Mindestens zwei dieser Identitäten oder Persönlichkeitszustände übernehmen wiederholt die Kontrolle über das Verhalten der Person.

C) Eine Unfähigkeit, sich an wichtige persönliche Informationen zu erinnern, die zu umfassend ist, um durch gewöhnliche Vergesslichkeit erklärt zu werden.

D) Die Störung geht nicht auf die direkte körperliche Wirkung einer Substanz (z.B. blackouts oder ungeordnetes Verhalten während einer

Alkoholintoxikation) oder eines medizinischen Krankheitsfaktors zurück (z.B. komplex-partielle Anfälle).
*Beachte*: Bei Kindern sind die Symptome nicht durch imaginierte Spielkameraden oder andere Phantasiespiele zu erklären.

Die einzelnen Charakteristika sind hier genannt.

**Dissoziative Identitätsstörung**
*Charakteristika*
1. Zwei oder mehr unterscheidbare Identitäten oder Persönlichkeitszustände, jeweils mit einem eigenen, relativ überdauernden Muster
   - der Wahrnehmung
   - der Beziehung zur und dem Denken über die Umgebung und das Selbst
   - des Verhaltens.

Die sekundäre Identität ist deutlich verschieden von der primären betreffend
   - Identität (ev. sogar Nationalität und Muttersprache)
   - sexueller Identität
   - sexueller Orientierung
   - Alter
   - Intro-, Extraversion
   - Umgang mit Affekten und Trieben
   - Handschrift
   - Neuro-psycho-physiologischen Befunden

2. Die primäre Identität ist amnestisch bezüglich alternierenden Persönlichkeitszuständen. Die sekundäre Identität kann sich der anderen

Identitäten bewusst oder nicht bewusst sein. Co-consciousness (Prince), memory trace (Wilbur), inner self helper (Allison).
NB: wichtig für die Therapie (Finden des grundlegenden Ich)

3. Zugehörige Symptome und Syndrome:
- Psychogene Körper- und Sinnesstörungen
- Drogenmissbrauch
- Selbstschädigung
- Suizidversuche
- Wechselnde zwischenmenschliche Beziehungen
- Realitätsverzerrung, Depersonalisation, Derealisation
- Akustische Halluzinationen

**Scheitern des Ich bei Schizophrenien**

*Seele zerbrochen. Wie die Seele in tausend Splitter zerbricht und wie sich jeder dieser Splitter auflöst ins Nichts. (Myriel)*[29]

Die Vorgeschichte der durch einen Zerfall des Ich-/Selbstbewusstseins charakterisierten Psychosen reicht weit ins 19. Jahrhundert zurück (s. Scharfetter 2011). Das Denkmodell Dissoziation stammt aus der Assoziationspsychologie. Die Zerstörung der personalen ichhaften Einheitlichkeit bei bestimmten Psychosen gab zu vielen Interpretationsvorschlägen Anlass: Dissoziation, Spaltung, Zerfall, Auflösung, Desintegration, Dysharmonie – und zu entsprechenden Namensvorschlägen, aus denen dann Bleulers Kunstwort Schizophrenie (1908) hervor ging (Tabelle 6).

[29] S. Scharfetter 2006.

## Schizophrenien

### Dissoziation - Geschichte
Idee der Spaltung als Grundlage bei den heute Schizophrenien genannten Psychosen

| Herbart | 1816 | Dissoziation von Komplexen |
|---|---|---|
| Esquirol | 1838 | Spaltung psychischer Funktionen |
| Griesinger | 1845 | Abspaltung aus dem Bewusstsein |
| Neumann | 1859 | Zerfall des Bewusstseins |
| Kahlbaum | 1874 | Inkongruenz Inhalt/Gefühl |
| Hecker | 1871 | Inkongruenz Inhalt/Gefühl |
| Neisser | 1887, 1905 | Zerfall der Persönlichkeit |
| Wernicke | 1880, 1894, 1896 | Sejunktionspsychose |
| Janet | 1886, 1888, 1889 | Dissociation, Désagrégation |
| Binet | 1892 | Dissociation, Désagrégation |
| Otto Gross | 1904 | Dementia sejunctiva |
| Stranksy | 1903 | Dissoziationsprozess |
| Wolff | 1908 | Dysphrenie |
| Zweig | 1908 | Dementia dissecans |
| Jahrmärker | 1908 | Zerfallspsychose |
| **E. Bleuler** | **1908** | **Schizophrenie** |

Tabelle 6: Idee der Spaltung als Grundlage bei den heute Schizophrenien genannten Psychosen.

Die Schizophrenien – so benannte Eugen Bleuler (1908, 1911) die Gruppe der Zerfallspsychosen (s. Scharfetter 2006), deren gemeinsamer Erlebniskern eine Zerstörung, Zersplitterung, Auflösung des Ich/Selbst-Bewusstseins ist. Diese Gruppe von Psychosen ist in Erscheinungsbild und Verlauf sehr verschieden, je nach Schwere und Akuität des Scheiterns des Ich-Bestandes. Die schizophrenen Syndrome sind die schwersten Formen der Gruppe der Dissoziativen Störungen (Scharfetter 1999, 2008). In ihnen manifestiert sich das Scheitern des Ich in den elementaren Dimensionen des Ich-Bewusstseins: die Gewissheit lebendig da zu sein in einer intersubjektiv kommunikablen, menschengemeinsamen Welt *(Ich-Vitalität)*, die Fähigkeit zur Selbststeuerung in allen mentalen Geschehnissen, afferent, efferent (nicht nur Intentionen und

Handeln): *Ich-Aktivität*. Die Selbsterfahrung, ein (trotz verschiedener Charakteristika) einheitliches zusammenhängendes Wesen von einer bestimmten menschlichen Beschaffenheit zu sein, geht in der Störung der *Ich-Kohärenz und -Konsistenz* verloren. Mit dieser Fragmentation geht auch die Kohärenz und Konsistenz der je eigenen Welt verloren. Dass sich ein so gestörtes Ich nicht mehr abgrenzen kann (Störung der *Ich-Demarkation*), folgt daraus: preisgegeben den Ausseneinflüssen, unkontrollierbar das Innere, Gedanken, Gefühle verströmend. Die Identität des Ich kann auf der elementaren Stufe, ein Mensch zu sein, verloren gehen. Die *Ich-Identitäts-Störung* kann in Unsicherheit oder Wechsel der Geschlechtszugehörigkeit, in Wechsel oder Verfremdung der Physiognomie von Gesicht und Händen oder Gesichtslosigkeit, in Verlust oder Wechsel der Abstammung, Alter, Namen, Herkunft, Rolle, Funktion zum Ausdruck kommen.

Ein derart in Einzel- oder in vielen Bereichen der Selbsterfahrung gestörtes Ich ist von vielen, oft chaotisch überbordenden Gefühlen überflutet, die zwischen Angst und (seltener) beseligt-ekstatischer Erhabenheit oder Verschmelzung liegen. Meist überwiegen jedoch Schrecken und Panik und führen zu der Reaktion der Erstarrung, der Flucht, des Kampfes. Mit der Fragmentation des Ich in den basalen Dimensionen wird die Ordnung der Erfahrungswelt zerstört: Eigenes und Fremdes, Sinneswahrnehmung und „Einbildung", Vorstellung, Phantasie, Afferentes und Efferentes geraten in ein chaotisches bedrohendes Durcheinander, wenn das Erfahrungsbewusstsein diese verschiedenen Modi mentalen Geschehens nicht mehr differenzieren kann. Dann ist der Weg offen für mannigfache Halluzinationen, Synästhesien, Pseudohalluzinationen, illusionäre Verkennungen – und für Wahn im grossen Spektrum zwischen Feststellung, Deutung, Erklärung, Vermutung, „Wissen", zwischen nackter Ohnmacht, Nichtung, Selbst- und Weltuntergang und megalomaner Allmacht.

Wo das Ich als bewusster Anteil des auch leiblichen (!) Selbstgefühles (mit den zoenästhetischen Leibgefühlen, der Subjektiven Anatomie) nicht mehr einheitlich erlebt werden kann, da ist nichts mehr verlässlich, selbstverständlich, gesichert, von Dauer: keine Wahrnehmung, in welchem Sinnesfeld immer, keine Verbindung – weder der Körperteile noch der Gedanken noch der zwischen Ich und Mitwelt – und kein Gefühl, keine Grundbefindlichkeit.

Der diese Kohärenz-Konsistenz-Auflösung erlebende Ich-Anteil ringt verzweifelt um Überwindung des Zerfliessens, der Unsicherheit, will Verbindung herstellen im Denken, im Wahn, in Beziehungen (wahnhaften, realen). Aber das alles nützt wenig oder nichts oder nur kurz, weil kein Fundament in einem stabilen Selbsterlebens-Kern da ist, der Erfahrungen versammeln, bewahren, halten könnte. Daher die Gefahr, dass der Kranke sich aufgibt, demoralisiert resigniert im erschöpfenden Kampf um die „Reorganisation des Bewusstseins" (Ideler 1840!) – oder sich in einen Wahn abkapselt von zwischenmenschlichen Beziehungsmöglichkeiten.

Die Voraussetzung für relativ stabile Wahnbildungen kennen wir nicht – jedenfalls darf hier das Zerfalls- und Auflösungs-Erlebnis von Selbst und Umwelt nicht zu stark sein. Sonst ist kein Ich-Anteil mehr da, der Wahn gestalten und durchhalten könnte. Das dürfte besonders für die langdauernden megalomanen Wahngebilde gelten. Damit stabilisiert sich ein bedrohtes Ich.

Halluzinationen, illusionäre Verkennungen, Synästhesien haben eine Schwächung des Erfahrungs-Bewusstseins gemeinsam. Das ist die Funktion des Wachbewusstseins (N.B.: kein eigenes Bewusstsein!), die bei jeder Erfahrung (kognitiv, perzeptiv, mnestisch, affektiv-emotional) den Modus der Erfahrung vermittelt (con-sciousness, con-scientia). Dieses Erfahrungsbewusstsein dürfte eng verbunden sein mit dem Ich-Bewusstsein, also der ständigen Egoifizierung der Erfahrungen: ich erlebe, denke, meine, empfinde, fühle etc. (me-consciousness).

*Ich-Zerfall und Zeitzerfall*
Das Zeiterleben ist eine Weise (Qualität) des Selbsterlebens, des Ich-Bewusstseins. Wenn das Ich in seiner Quer- und Längsschnitt-Kohärenz gestört ist, wird die Zeit verändert oder gar nicht mehr erlebt. Das ist beim biographischen Zeitzerfall in schwereren Demenzen der Fall. Mit der Desintegration des Ich/Selbst-Bewusstseins bei Schizophrenien kann das Erleben der Zeit als Kontinuum eines Stromes „dissoziieren", der aus der Vergangenheit in die Gegenwart strömt und weiter in die Zukunft (das, was auf einen zukommt, auf das einer zutreibt). Dann steht die Zeit still, es scheint keine Zeit mehr zu geben. Menschen mit schizophrener Ich-Störung erleben den Zeitstillstand qualitativ anders als schwer Depressive (festgefahren in sich, aber kohärent), die eher Zeitdehnung bis zur Endlosigkeit, zum Verharren, Steckenbleiben in ewig präsentischer Qual erleiden. Schizophrene berichten vom Ausbleiben der Zeitigung ihres Lebensstromes nicht so gequält, eher wie entrückt in „zeitloses" Dasein.
Andere Schizophrene erleben die Zeit als diskontinuierlich: Zeit strömt nicht mehr gleichmässig. Diese Störung geht über die auch dem Gesunden erlebbaren Unterschiede der subjektiven Zeit je nach Aktivität und Stimmung hinaus. Die Zeit rast, springt, stoppt, kriecht, geht verloren, läuft davon, kann sogar zurückströmen. Besonnene Schizophrene mit differenzierter Selbstbeobachtung können eine Abhängigkeit des subjektiven Zeitstromes von eigenen Körper-, speziell Kopfbewegungen beobachten: „Jedesmal, wenn ich mit dem Kopf eine bestimmte

Ruckbewegung mache, springt die Zeit, manchmal vor, manchmal zurück. Wenn ich bewegungslos bin, steht sie still". In einer Art „doppelten Buchführung" (Eugen Bleuler) konnte dieser Mann aber durchaus Termine (menschengemeinsame Zeit) einhalten. Vereinzelt berichten Schizophrene von einem zuckenden, ruckenden, daher auch lückenhaften Zeiterleben. Zurückfliessen der Zeit wird selten berichtet. Es tritt in zwei Arten auf: einmal von einem präsentischen Beobachter-Ich registriert, einmal als biographische, gar stammesgeschichtliche Regression auf evolutionär frühe Tierformen.

Der Psychiater kann von manchen introspektionsbegabten, klugen und sprachmächtigen schizophrenen Menschen erschütternd eindrückliche Einblicke in ihr Selbsterleben erhalten. Das ist das Fundament der Ersten-Person-Perspektive der Psychopathologie schizophrener Syndrome. Die Texte von Myriel (Scharfetter 2006) und von Monique (Scharfetter 2000) sind kostbare Dokumente der Ich-Psychopathologie. Ich bringe hier Ausschnitte aus den Mitteilungen (mündlich, Briefe, Tagebücher) von Monique.

*Der Zerfall und die Veränderung der menschlichen Beschaffenheit (Kohärenz-Konsistenz) ist psychophysisch erlebt*
Ich bin total zerfallen.
Ich hatte weder Bewusstsein vom Körper noch vom Geist.
Die gesunden Teile, es sind schon noch welche in mir, aber sie sind unverbunden. Das Ganze fehlt.
Das Ich zerrinnt und die Welt ist doch noch da.
Das Ich und die Welt sind eins und beide zerfallen. Das Bewusstsein, das registriert, bleibt. Wenn das nicht wäre, würde man geistig wegtreten.
Ich habe auch die Zersetzung des Leibes erlebt.
Mein Leib ist unfleischlich. Das ist der Krebs der Seele. Es ist ein totales

Durcheinander, verschiedene Ebenen gleichzeitig.
Es ist in mir kein Zusammenhalt, es fehlt das Ich-Bewusstsein.
Ich spüre meinen Körper so auseinandergerissen.
Stücke werden aus meinem Körper herausgerissen. Innen ist es eine Metzgerei.
Meine Psyche ist kaputt... Das ist die totale Schizophrenie. Da ist überhaupt nichts verbunden zwischen der inneren und äusseren Fassade.
Normale Menschen haben ein Bewusstsein des Zusammenhanges ihres Körpers, das habe ich nicht. Mein Körper könnte alle Ausdehnungen haben.
Ich bin in der Desintegration... Mein Körper ist im Auseinandergehen.
Der Leib ist im Verschwinden.
Wo das Ich sein sollte, ist eine weiche Masse, die verschwimmt. Der Körper ist am Zerteiltwerden.
Ich bin nicht zu Hause in meinem Leib.
Das ist die Zersetzung des Leibes.
Mein Körper ist eine unendliche Quelle von Leiden.
Ich fühle mich am Atmen gehindert.
In einem Brief schreibt die Patientin:
Ihr seid ein homogenes Etwas, das man Ich oder Selbst nennen kann, desintegriert sich eines oder mehrere dieser Ich-Bestandteile, so können Wahnvorstellungen und Halluzinationen auftreten... Das Ich ist in unendlich viele Partikelchen zerfallen... Und doch erreicht es nie den Punkt, wo es nicht mehr da ist.

Wo das Ich/Selbst, das ja immer auch die leibliche Selbsterfahrung einschliesst, so zerfallen ist, ist auch keine klare Grenze mehr gegeben:
*Grenzauflösung (Demarkation)*
Ich habe keine Abgrenzung zwischen mir und den anderen.

Was sich zwischen mir und den anderen abspielt, spüre ich als Schwingung und Knacksen im Leib.
Auf einer elementaren Ebene ist das, was zwischen Menschen vorkommt, für mich spürbar. Wenn ich mit Menschen zusammen bin, die mir nicht gut tun, so habe ich mehr Knacksen und Leid – ich kann mich nicht wehren.
Gegen die Mutter bin ich besonders schlecht abgegrenzt. Es ist wie eine Reibung von Kräften aneinander.

Ein solch fragmentiertes und ungeschütztes Ich, ohne Zentrum, kann sich nicht mehr selbst steuern:
*Der Verlust der Eigenmächtigkeit, der Selbstbestimmung (Aktivität)*
Ich kann nur reagieren, nicht agieren. Ich spüre nichts eigenes.
Es spult mich einfach ab.
Ich bin auf einer Reise, die ich nicht selbst bestimme.
Ich erlebe alles, was ich mache, sehr verfremdet. Es ist keine Selbstverständlichkeit mehr zu leben. Ich traue mir nichts zu. Es ist ein entmenschlichter Zustand.

Mit dem Verlust der elementaren Aktivität als Lebenszeichen geht das Gefühl der Lebendigkeit verloren:
*Die Bedrohung des Lebendigseins (Vitalität)*
Ich fühle mich nicht mehr richtig lebendig.
Ich lebe nicht mehr.
Ich fühle mich wie tot, mein Leib ist wie tot. Das Stechen im Fuss zeigte mir, dass da noch etwas Leben ist.
Was ich erlebe, ist lebendiger Tod.
Das ist für mich der Zustand, in dem ich bin: Tot sein, aber tot sein ohne Frieden.

Darum ist für mich Leben und Sterben gleich.
Ich bin weder tot noch lebendig.
Auch der Tod ist keine Grenze, das Leiden geht unendlich weiter. Es ist eine Art kosmisches Bewusstsein in mir.

Im Ich-Verlust ist keine Grundlage mehr einer personalen, physiognomisch einmaligen Identität:
*Der Verlust der Identität*
Ich ging alle Stufen der Stammesgeschichte des Menschen zurück und wurde selbst zum Tier.
Ich habe richtig gesehen, wie ich das Menschsein verliere.
Ich habe mich wie ein Tier erlebt und gefühlt, z.B. wie eine Fledermaus, die in die Hölle fliegt.
Ich habe keine Identität.

Das Ergebnis: *„Mir fehlt das selbstverständliche Ich"* — *Ich-Verlust*
Es ist überhaupt kein Ich da .. Ich habe kein Gefühl mehr für den Körper.
Ich bin kein Ich mehr ... Ich spüre das überhaupt nicht.
Ich habe mich selbst verloren.
Nun habe ich kein Ich mehr. Aber um in dieser Welt zu leben, braucht man ein Ich.
Ich habe bewusst durch Akte der Selbstzerstörung mein Ich zerstört.
Ich bin selber gar nichts.
Meine Innenwelt ist unpersönlich geworden.
Meine Gefühle sind nicht menschlich.
Mir fehlt das selbstverständliche Ich ... Und das ist das Kostbarste, was es gibt.

Mit dem Ich geht auch seine je eigene Welt unter. („Welt" kommt von wer-old: die von einer Person durchlebte „Gestalt"). Die Folge ist Weltentfremdung (Alienation), Einsamkeit, Menschenferne.

*Weltverlust (Alienation)*
Ich habe wenig Realitätsbewusstsein ... Es ist nicht selbstverständlich.
Die Welt ist nicht selbstverständlich.
Ich habe keine Zeit mehr und keinen Ort, keinen Raum, keine Kausalität.
So wie das Leiden unendlich ist, so ist auch die Zeit unendlich. Ich kann sie nicht fühlen.
Auf der Erde habe ich nie eine Zuhause gehabt. Nie war ich auf der Erde zuhause.
Ich bin auch nicht zuhause in meinem Leib.
Ich weiss, dass die anderen die Welt anders empfinden als ich.
Es ist ein total verfremdetes Leben.

*Einsamkeit (Isolation)*
Ich bin isoliert.
Ich bin wie unter einer Glocke.
Ich bin so allein.
Die Abwesenheit von Gott ist total.
Am schwersten ist die Kontaktlosigkeit zur Welt.

*Entfremdete Beziehung zu anderen Menschen*
Ich verstehe die Menschen nicht mehr.
Ich bin isoliert..., allein...., da ist kein Mensch...
Das Wort, das ich spreche, ist nicht das Wort, das den anderen erreicht.

Die Folgen solchen Ich-Verlustes: *„existentielle Hölle"*.
*Bodenlosigkeit, Heimatlosigkeit*
Wo kein stabiles Ich ist, ist keine verlässliche Welt als menschen-

gemeinsamer Boden da, als Erde, als Realität, als Heimat:
Nie war ich auf der Erde zuhause.
Ich weiss nicht, bin ich im Jenseits oder im Diesseits...
Das Einfachste ist furchtbar geworden...
Es ist eine unendliche Erdenferne...
Das Nirgendland...
Die Erde – ein Rätselraum.
Mir fehlen die einfachsten Verbindungsmittel.
Wie oft alles unvereinbar scheint, ohne Zusammenhang fliegt da ein Auge, dort ein Fisch durch den fremden Raum, von dem ich nicht weiss, ob er existiert.
Manchmal erschreckt mich das scheinbar Selbstverständlichste, wenn es da so losgelöst und ohne Zusammenhang in mich eindringt.
Ich habe keinen verlässlichen Boden, bin nicht auf der Erde.
Ich wohne nicht.
Das ist eine existentielle Hölle.
Das Leben ist ferne, unsicher, verloren.
Glaubst Du, dass es möglich wäre, eine Beziehung zu haben zum eigenen Leben?
Ich bin tot – jenseits von tot und lebendig.
Da ist eine wahnsinnige Angst, die letzte Beziehung zur Welt zu verlieren.
Was ich spüre, lässt sich am besten als innere Erstickung beschreiben...

Es ist immer noch ein Beobachter-Ich da, das all die Nöte und Ängste registriert und protokolliert: *Das Wachsein ist so schmerzhaft*:
*Angst*
Leben und Tod – da ist für mich keine Grenze. Lebensangst kenne ich nicht, nachdem, was ich erlebt habe.

Der Kontakt zu mir selbst, zum eigenen Leib, zu den Menschen ist völlig abgebrochen.
Ich habe Angst, dass ich in einen völligen Stumpfsinn gerate.
Ich habe Angst, dass ich im Universum verschwinde und trotzdem noch da bin. Es ist so eine Weltuntergangsstimmung in mir ... Es ist eine wahnsinnige Angst, die letzte Beziehung zur Welt zu verlieren.
Ich schreie, weil in mir das unendliche Bewusstsein in seiner negativen Umkehr an mir seine Unendlichkeit beweist.
Ich habe Lebensangst... Das Wachsein ist so schmerzhaft.

Das „schmerzhafte Wachsein" erlebt die Höllenfahrt und die ungeheure Einsicht: es wirkt etwas in mir selbstzerstörerisch.
*Höllenfahrt*
Ich habe den Teufel gesehen in verschiedenen Gestalten, als Ziegenbock, als Totenkopf, als halbverwestes Wesen, das die Hand nach mir ausstreckt. Dann auch als Monstrum mit mehreren Köpfen auf verschiedenen Figuren.
Ich hatte den Geruch der Hölle im Mund. So schmeckt die Hölle.
Ich hatte auch physischen Kontakt mit der Hölle. Ich spürte es im Leib: als Knacksen im Kopf und als eine Strömung und ein Pumpen von Wellen in mir.
Die Hölle hat kein Ende. Es gibt immer neue und unendlich neue Formen von Leid.
Es ist eine Hölle, existentielle Hölle.
Der Geist, das Selbstzerstörerische in mir produziert laufend neue Höllen... unendlich.

*„Das abwesende Ich" – „eine einzige Wunde": Vulnerabilität, Schmerz, Leiden*
In mir ist alles wie eine Wunde, eine einzige riesige Wunde. Das ganze

## Schizophrenien

Leben ist ein einziger Schmerz.
Liebe, Körper, alles was die Schönheit dieser Welt ausmacht, ist mir verwehrt. Verdammt zu einem Pseudodasein. Ausgestossen aus der Welt, die ich mir erschuf. Unter euch ein gequälter Geist, nicht zu euch gehörig und auch verstossen von der anderen, der Welt des Todes. Hin und her gerissen zwischen unendlich vielen Welten, nirgends zu Hause. Eine andere Sprache sprechend, jene des Stummseins und der Verstummtheit ob der anderen Art. Alles ist vergänglich schmerzhafter Augenblick, so intensiv und unmittelbar, dass es unerträglich ist. Ein Wrack mit menschlichem Antlitz, dessen Erinnerungen alle mit Schmerzen verbunden sind. Keine Hoffnung auf Erlösung.

Ich leide, leide und leide, leide, dass mir eure Raum- und Zeiteinheit nicht mehr gehört, dass ich an ihr nicht mehr teilhaben kann, weil sie zu fremd ist.

Ich schreibe und schreie, weil das unendliche Bewusstsein in seiner negativen Umkehrung an mir seine Unendlichkeit beweist. Das unendliche unbeschreibliche Leiden einer Geisteskranken. Es ist eine Reise ohne Anfang und Ende, eine Reise von Nirgendwo nach Nirgendwo, der Steuermann eine Seele, die ihren Zusammenhalt verloren hat, eine abwesende Seele, das abwesende Ich.

*Scheitern: Ich - und Weltuntergang*
Das Ich und seine Welt gehören zusammen, beide „sind" Bewusstseinsgebilde in mutuellem Verhältnis: das Ich/Selbst entwickelt sich ontogenetisch in der Interaktion mit der Mitwelt (personal und sachlich). Die deutliche Gestalt von Ich und Welt entwickelt sich zusammen (nicht parallel als zwei Linien) nach kollektiven (menschengemeinsamen, kulturellen) Mustern in individueller Aneignung und Ausprägung. Nichtung von Ich und Welt geschehen ineins. Bei Menschen wie

Monique bleibt noch die Fähigkeit, dieses ungeheure notvolle Geschehen zu sagen. Angesichts dieser Klarsicht auf die Instabilität (annica in Pali) und Insubstantialität (anatta) von Ich und Welt, die an die Buddhalehre (geübt in Sathipattana und Vipassana) erinnert, verschwinden alle scheinbaren Selbstverständlichkeiten, Sicherheiten, verlässlichen Fundamente. Da wird die Naivität der Normen-Sicherheit sogenannt Gesunder offenkundig, aber auch die Geborgenheit, die diesen in der ordinary reality gewährt ist. Wir bewundern die kohärenz-stiftende Synthesekraft des Bewusstseins, die uns selbst (Selbstgefühl) und unsere Welt im Quer- und biographischen Längsschnitt als kohärent und konsistent erleben lässt. In dieser Perspektive tritt die Schwäche oder gar das Fehlen des Synthesepotentials als Grundlage dieser schweren Form dissoziativer Störungen, die das Ich-Bewusstsein, das (immer auch leibliche) Selbstgewahrsein, -gefühl und mit ihm die zugehörige Welt betreffen, in den Fokus des Fragens und Suchens. Dieses hypothetische kohärenz-stiftende Synthesepotential, das ein „System" Ich/Selbst plus zugehöriger Welt in präsentisch und longitudinal flexibel-stabiler, funktionell gegliederter Struktur zu entstehen und zu erhalten ermöglicht, ist zu vermuten, aber nicht begriffen. Wir kennen nicht die vielschichtigen strukturellen und funktionellen Voraussetzungen des Selbstgefühles (das als Ich-Bewusstsein erlebt wird) und dessen Einbettung in die in diesem Bewusstsein konstituierte „Welt". Eine neurale Integrations-Störung, welcher Ätiologie immer, bringt das Verhältnis von Verletzlichkeit (Störanfälligkeit, Vulnerabilität) und Robustheit (Resilience-Potential) aus der heilsamen („salutogenetischen") Balance. Daraus resultiert eine erhöhte Störbarkeit der gesamten neuralen und psychosozialen Entwicklungen mit ihren vielen Anforderungen und Einflüssen vom eigenen Organismus (Reifung, Hormone, Identitäts- und Autonomieentwicklung) und von der Mitwelt. Die individuelle Vulnerabilität und Resilienz müssen wir uns multideterminiert und idiosynkratisch vorstellen. Daraus ergibt sich für das Individuum die persönliche Anfälligkeit für eine temporäre oder dauerhafte Dekomposition des Ich: Scheitern.

Das Scheitern des Selbstsystems, des Ich-Bewusstseins, in den schizophrenen Syndromen ergibt sich aus idiosynkratisch, d.h. auf Grund der persönlichen Disposition (Vulnerabilität) überfordernden, unaushaltbaren Erfahrungen. Diese sind oft nicht leicht nachweisbar. Aber manchmal trifft man Menschen, die in offenkundigen Überforderungssituationen in ihrem psychophysischen Selbstsein zerbrechen.

Dazu ein paar Beispiele:
Eine junge Frau, sexuell unerfahrene Hilfskraft in einem ländlichen Gasthof, wird von mehreren betrunkenen Gästen vergewaltigt und fällt akut in eine desintegrative Psychose, die auch den leiblichen Zerfall zum Inhalt hat: „Ausfliessen", „Zusammennähen" schrie sie immer wieder in Panik und Verzweiflung.

Ein 16 Jähriger erstarrte im katatonen Syndrom, als er wieder mit seiner (alleinerziehenden, verhärmten) Mutter in der Badewanne sein sollte. Er scheiterte am Bestehen seiner Selbstwerdung in Autonomie und Regulierung der interpersonellen Relation.

Ein junger Mann, ältester Sohn einer eher armen Familie, geriet nach dem Tod seines Vaters bei einem Verkehrsunfall gerade da in eine Katatonie, als er des Vaters Kleidung und Sitzplatz am Familientisch übernehmen sollte. Die ersten erlösenden Worte beim Herausgeraten aus Stupor und Mutismus waren: „Werner – wenn Sie so zu mir sagen, dann weiss ich wieder, wer ich bin".

Eine junge Frau, mässig schulkompetent und partnerlos, musste die Arbeit in einer Kondomfabrik akzeptieren: sie musste die Dichte der Kondome durch Aufblasen kontrollieren – und geriet in eine spracharme, stuporöse, depressive Hilflosigkeit. Sie war in ihrem Selbstsein gescheitert.

Ein junger Bursche erstarrte in Panik, sein Leib zerfalle, die Knochen, das Skelett, die Verbindung von den Händen über die Arme zum Rumpf hielten nicht mehr, sein Kopf sei nicht mehr mit dem Leib verbunden. Das steigerte sich zu einem globalen überwältigenden Scheitern, Zerbrechen, in dem er auch die Fähigkeit, sich sprachlich mitzuteilen, weitgehend verlor. Anlass zum Zerbrechen war eine ihn erschütternde Sicht einer ihm fremden, ihn aus der Ferne anziehenden Frau. Er trug Handschellen in seiner äusserlich männlichen Kleidung, Frauenunterwäsche in seinen Taschen. Die „gespaltene" Selbstidentität dekompensierte bei dem Angezogenwerden. Sein Selbst hielt dem nicht stand: Scheitern in der Zerfallspsychose.

Ein Medizinstudent im Praktikum in der Psychiatrischen Universitätsklinik hört beim Morgenrapport den Chef Prof. Dr. Manfred Bleuler die Überlegung äussern: für das letzte Hineingeraten in eine Psychose sei ein Geschehen des Sichaufgebens, Sichfallenlassens anzunehmen. Da streckte er mit einem kurzen Schrei seinen Arm wie im Protest aus – und erstarrte in einem katatonen Stupor, akinetisch, mutistisch.

## Texte

*Wie die Erde in tausend Splitter zerbricht und wie sich jeder dieser Splitter auflöst ins Nichts*

Texte von Myriel[30]

Aus dunkler Ferne
vernahm ich beim Erwachen
die Botschaft
der unbekannte Planet Erde
stürze ein.
Aus allen Wolken fallend
zerbrach
der Flügel meines bleichen Vogels
Tödlich verwundet
sank ich
in den finstern Tag
an dem
mein grosser Vogel Ich
aus allen fremden Erdentrümmern
hätte auferstehen sollen.

---

[30] S. Scharfetter 2006 .

Geblendet
von all den
Lügenlichtflecken
die wie eiternde Wunden
die kranke Welt
bedeckten
zog ich meine Lichtfühler
tief
in mich
zurück
und
zerbrach
als ich plötzlich
ungebrochenes Licht
schwarz
mich überfliessen fühlte

Wenn mir
die mich überschwemmende Flut
das Spiegelbild
des vollen Mondes
zuschwemmt
fürchte ich stets
mein Spiegelmond
könnte im Sturm
der Gezeiten
zerbrechen
und als dies geschah
sank
lautlos
mein Mond
in immer
tiefere
Himmel
ein

Ist alles lebendig oder alles tot?
Ist Todesnot oder Lebensrot?
Ein Mensch in Not
Weil lebend tot.

Blindes Tasten
ohne Rasten
Seele zerbrochen
Verwesung gerochen.

Es scheint
ein Friede in blau
da bangst?

Zernagt dich die Wunde

Dunkelheit droht. Kriegsrot. Naher Tod

Zerbrach dir das Runde

Es weint
ein Kind
gedankengrau
in stummer Not

zersplittert ist es und so voller Angst.

Die folgenden Zeichnungen spiegeln den Ich-Zerfall und
Versuche der Reorganisation, Restruktivierung

Schizophrenien, Zeichnungen

Teilhaftigkeit wörtlich genommen: Zerteilung, Strukturverlust, Grenzauflösung. Die graphische Dokumentation der Fragmentation als schwerste Form der

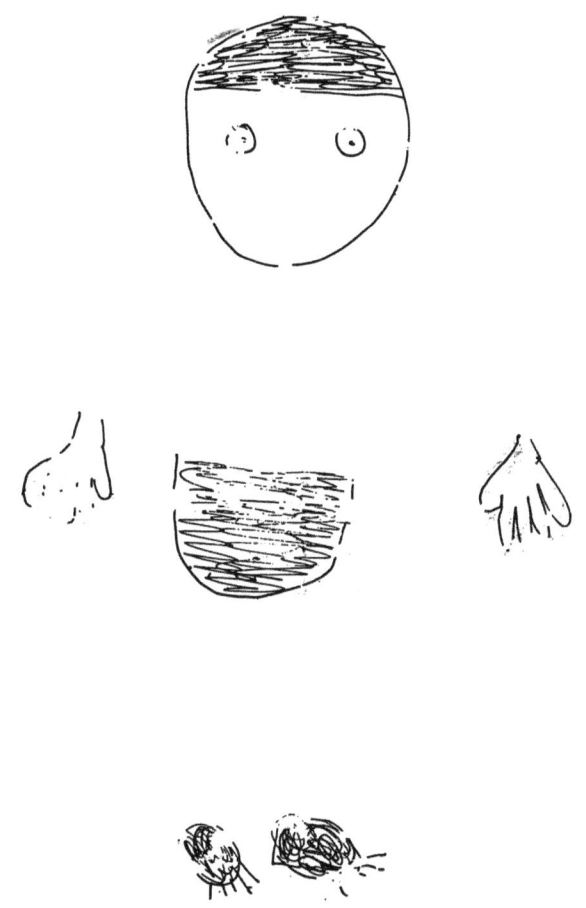

Fragmentation, Verlust der leiblichen Kohärenz, Gesichtslosigkeit, Handlung, Stehen, Gehen unmöglich.

# Schizophrenien, Zeichnungen

## Schizophrenien, Zeichnungen

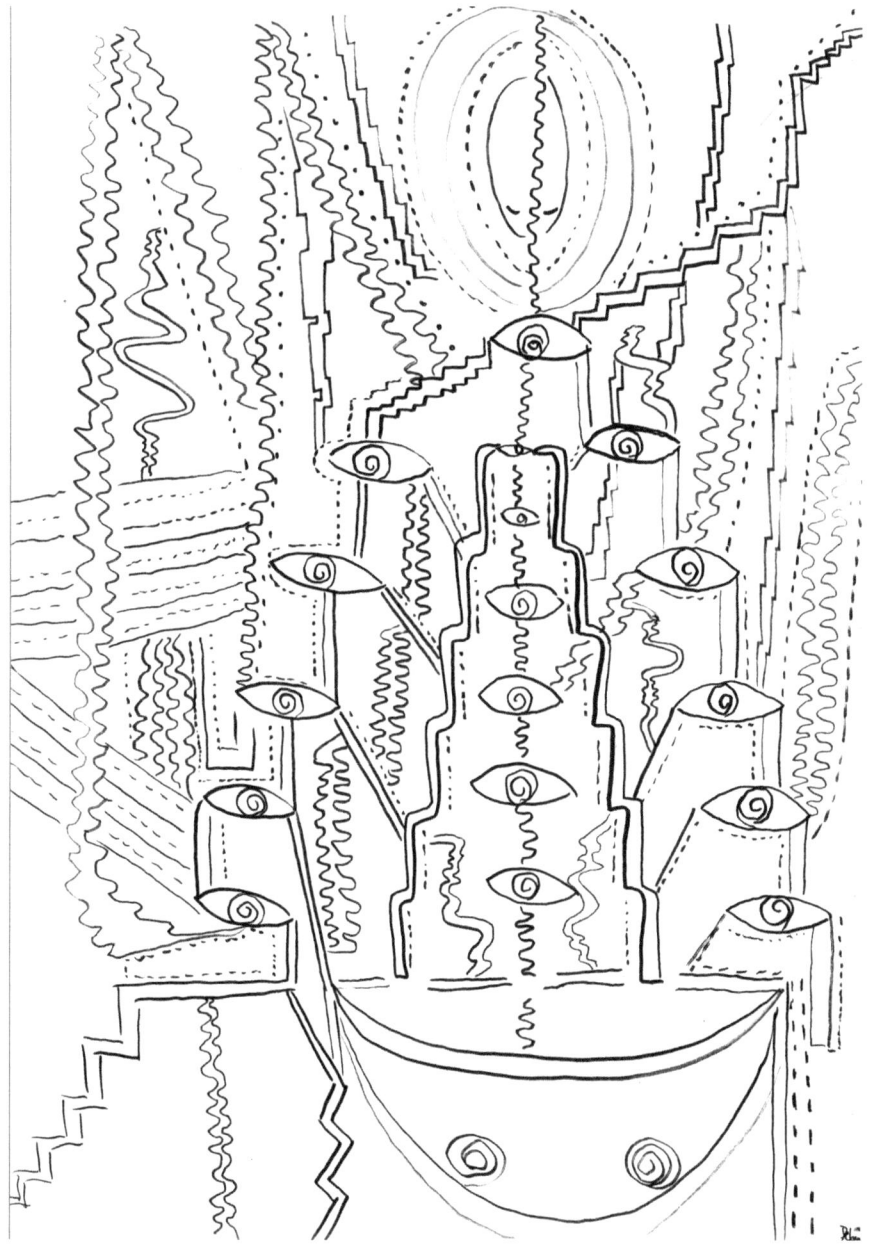

## Schizophrenien, Zeichnungen

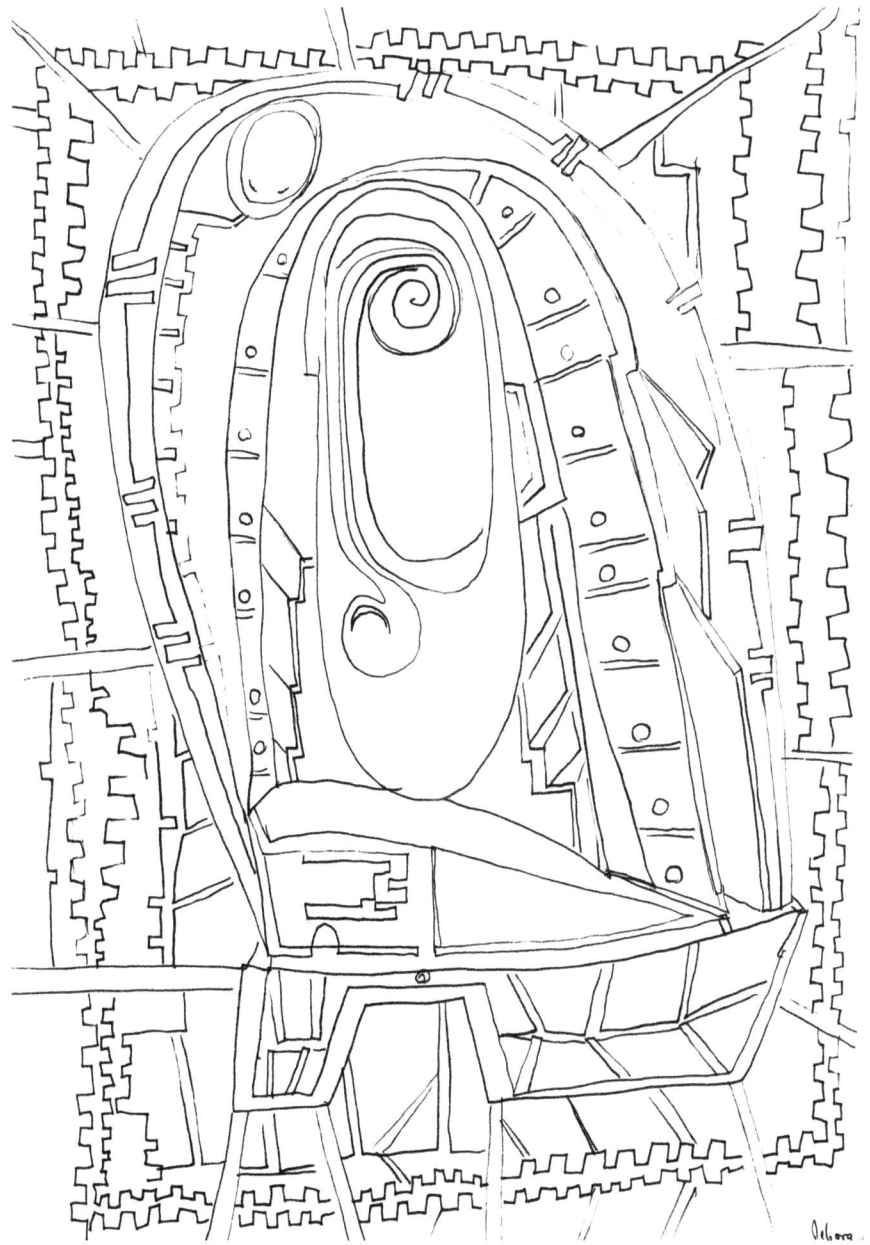

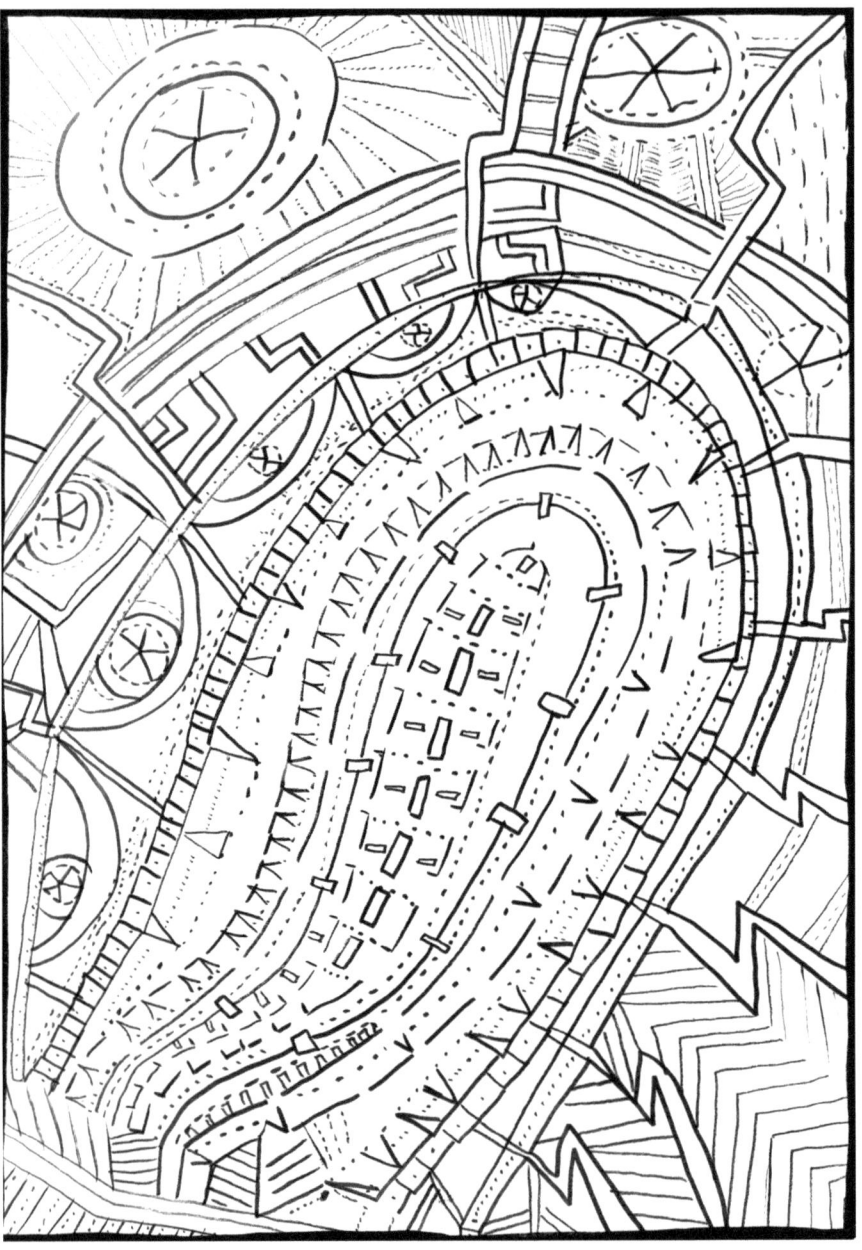

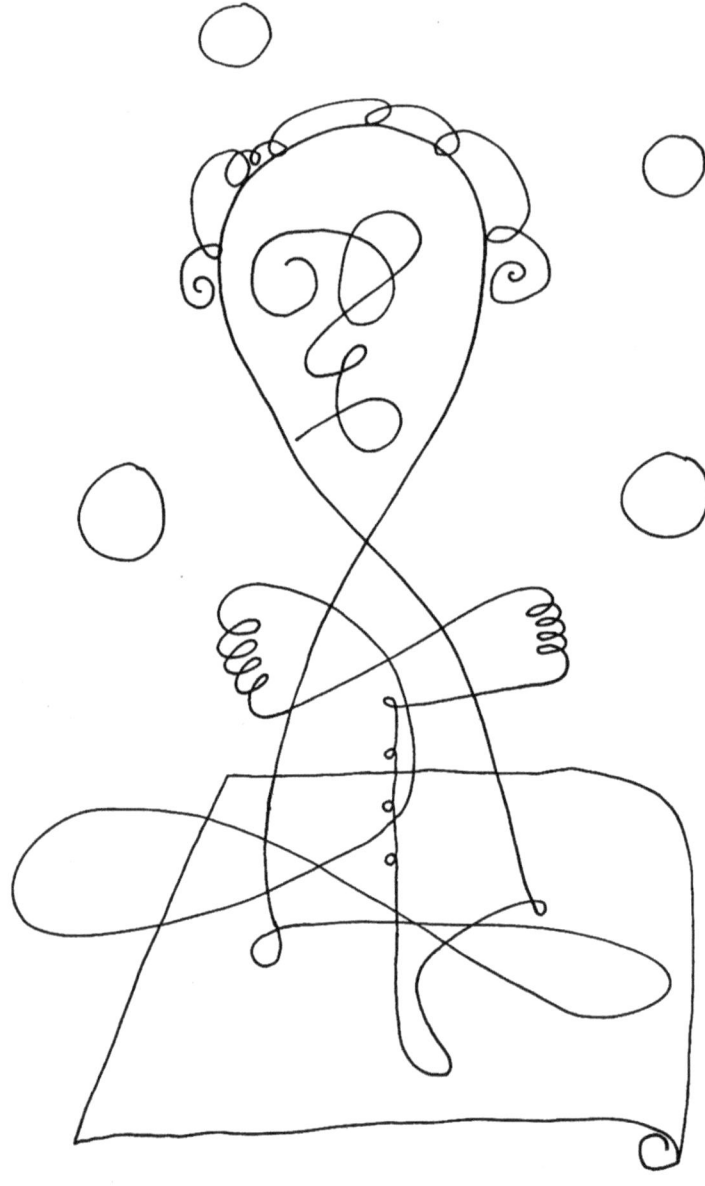

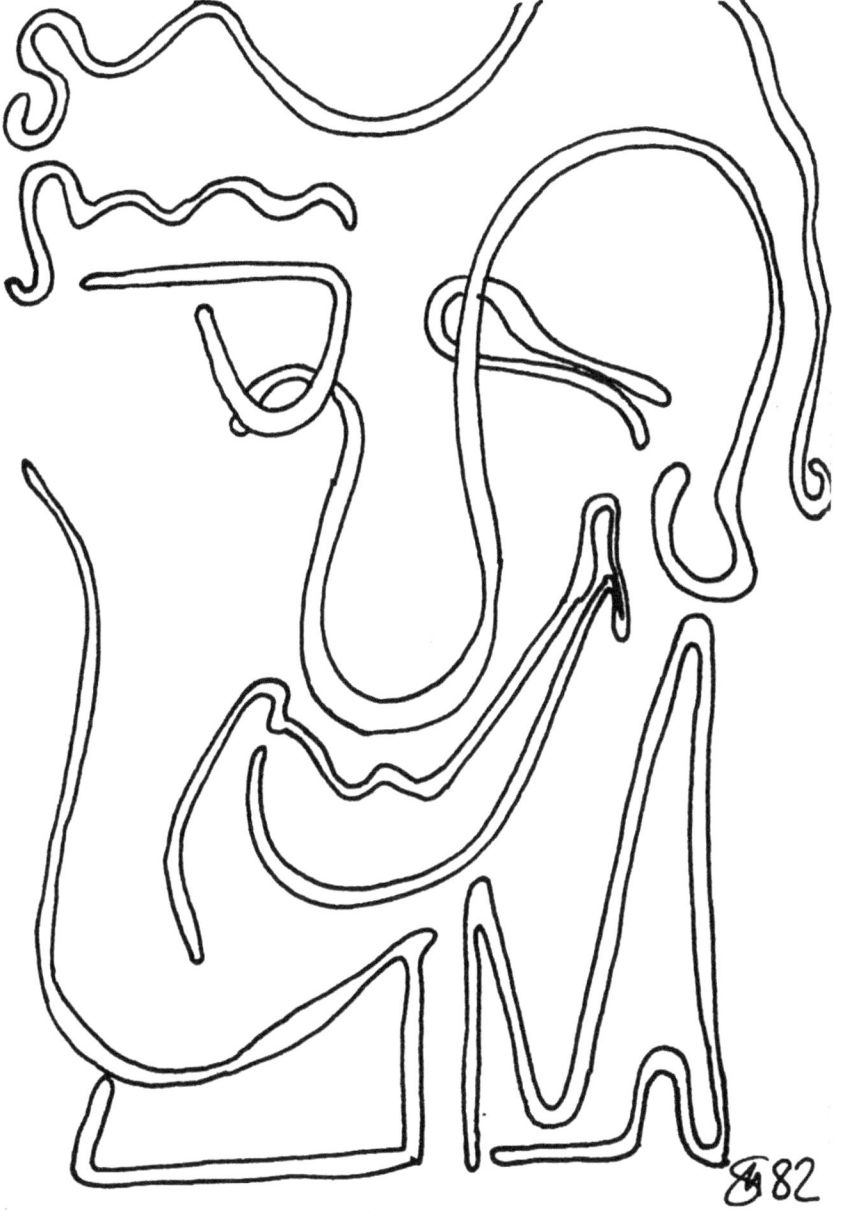

## Schizophrenien, Zeichnungen

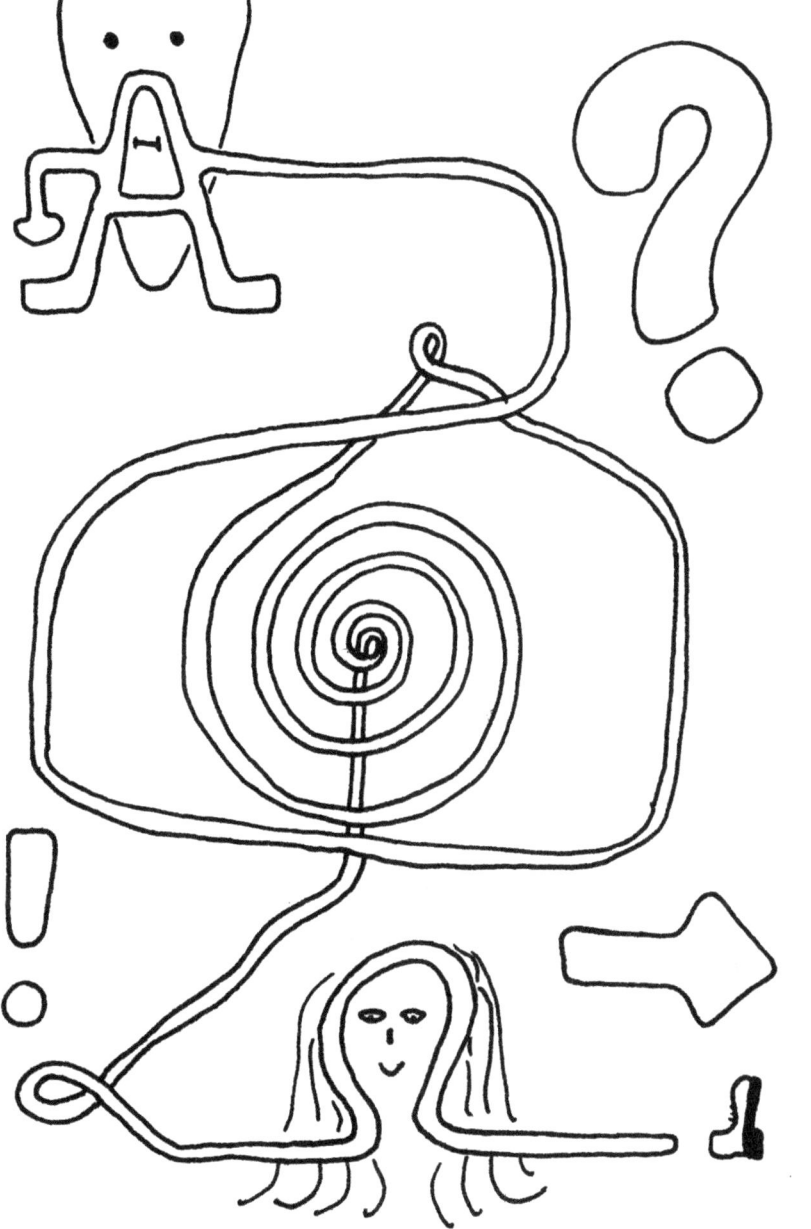

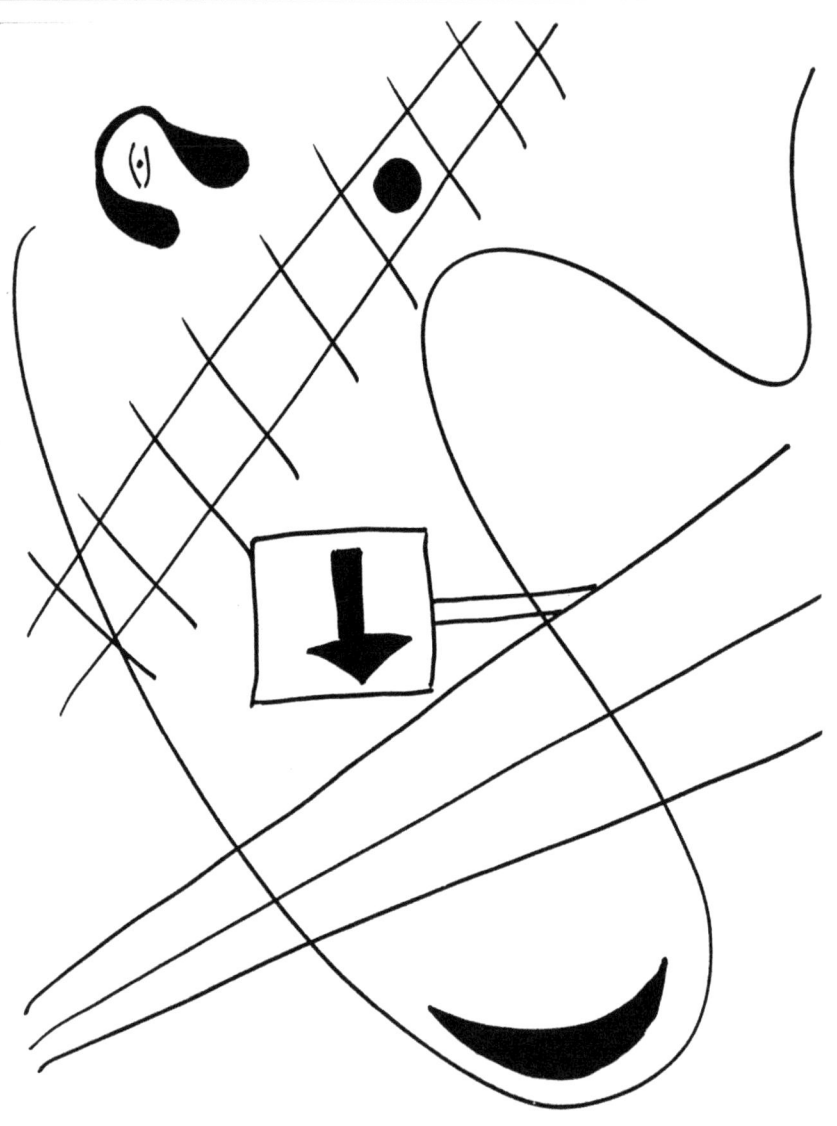

*Suizid*

Monique, die oben zitierte sprachbegabte Studentin, geriet nach exzessiven Sexualerlebnissen mit einem Afrikaner in ein Scheitern ihres Selbstseins, psychisch und leiblich. Sie erfuhr keine erfolgreiche Therapie und setzte nach Jahren ihrem leidvollen Leben ein Ende.
Damit ist das Stichwort gegeben zum Thema Suizid. Die Selbsttötung kann ein letzter autonomer Akt der Beendigung eines unerträglichen Leidens sein: Das geplagte Ich gibt sich selbst den Tod, die Leidbefreiung. Das mahnt uns: Keineswegs jede Selbsttötung (ob gewünscht, versucht oder vollzogen) darf pathologisiert werden als Symptom einer psychiatrischen Erkrankung – und entsprechend abgewehrt bis zur Zwangseinweisung. Auch psychisch Kranke können einen gezielten, intentionalen Selbsterlösungsakt vollziehen. Lieber sich töten als scheitern in unheilbarem Leiden.
Die Perhorreszierung und Psychiatrisierung von Suizidalität und Suizid ist engstirnig, kurzsichtig, grausam und würdelos. Sie spricht dem Menschen, der noch Bewusstseinsklarheit und Selbstverfügung hat, die Autonomie zur Entscheidung „so kann und will ich nicht leben" ab. Bei herannahender Altersschwäche, bei Krebsleiden, bei Infirmität durch neurologische und neuromuskuläre Leiden muss dem Kranken das Entscheidungsrecht zur Selbsttötung zugestanden werden, ja sollte, wo der Akt nicht mehr selbständig vollzogen werden kann, Beihilfe zu diesem Akt gewährt werden. Ein Nein dazu ist grausam, unempathisch, manchmal vielleicht auch schlicht feig.
Bei der Beurteilung solcher Suizide und unserer Einstellung dazu ist auf die Besonnenheit, die Klarheit des Bewusstseins, des Planens und Handelns abzustellen. Die Akzeptanz von Suizid als „Freitod" ist nicht gegeben bei prinzipiell passageren und/oder behandelbaren Depressio-

nen, ferner wenn Verwirrung, Rausch, Desintegration und Versagen des Realitätssinnes, der Orientierung und Selbstverfügung, Dysfunktionalität, da sind. Dies ist bei vielen Psychosen der Fall. „Psychose" ist ein transnosologischer Begriff, der ein Versagen der Orientierung an sich selbst und der Umwelt, des Realitätssinnes und der Selbstverfügung bezeichnet. Der Begriff ist keineswegs auf die diagnostische Gruppe „Schizophrenien" beschränkt. Auch schwere Depressionen (mit und ohne produktive psychopathologische Symptome wie Wahn und Halluzinationen) und Manien (mit Verlust der besonnenen Selbststeuerung) sind Psychosen.

*Psychose – ein transnosologischer Begriff*

Psychose ist ein transnosologischer (diagnosen-überschreitender) Begriff für jede Art schwerer psychischer Störung mit Verlust des Realitätssinnes, der Orientierung im weiten Sinn (d.h. über Aussen- und Innenwelt) und entsprechender Dysfunktionalität. Die Bewusstseinsfunktion Realitätssinn ist ein Element der Orientierung in der Umgebung (örtlich, geographisch, sozial, situativ, zeitlich) *und* in sich selbst, d.h. im „leiblich-geistigen", psychophysischen, organismischen Selbstsein (Person, Subjekt, Individuum bestimmter Identität, Biographie, Funktion). Realitätssinn (fonctión, sens du réel von Pierre Janet, attention à la vie von Bergson, contact vital von Eugen Minkowski) ist Voraussetzung für eine funktionstüchtige Einordnung der eigenen Person in Ort, Situation, Sozialnetz, Zeit.

Realitätssinn ist nur bei *klarem Wachbewusstsein* gegeben. Darin wird die Information aus der multisensorischen Afferenz (Sinnesdaten, Wahrnehmung, Bedeutung, Theory of mind, Empathie) von externen (ausserhalb des Körpers) Objekten, Personen und Geschehnissen (Ereignissen) mit dem eigenen leiblichen (propiozeptiven) und psychischen Geschehen (Vorgängen und Zuständen, Stimmungen, Emotionen, Affekten, Gefühlen, Gedanken, Erinnerungen, Intentionen...) verbunden. Mit dieser Verknüpfung werden diese bewussten (und subliminalen) Gegebenheiten als je eigene erfahren: *Ich- oder Selbstbewusstsein.*

Zum klaren Wachbewusstsein gehört die wichtige Funktion des *Erfahrungsbewusstseins*: dass mir mit jeder Erfahrung (experience) der Modus dieser Erfahrung mitgegeben, mitbewusst (con-scientia) ist. Sehend weiss ich von optischer Wahrnehmung, denkend weiss ich von meinen Gedanken, gestimmt von meiner Stimmung etc. Klares Wachbewusstsein mit den Funktionen Realitätsbewusstsein und Erfahrungsbewusstsein (wirklich gegeben oder „nur" vorgestellt, phantasiert, „eingebildet", gar eine Illusion, Halluzination, Wahnidee) erlaubt den funktionell tauglichen Umgang mit externen und internen Geschehnissen. Das ermöglicht die Unterscheidung Ich und Nicht-Ich, die Ausgestaltung und Wirksamkeit von Selbstbewusstsein, Selbstkontrolle, Regulation der Afferenzen und Efferenzen aus dem Ich-Bereich des Bewusstseins.

Das klare Wachbewusstsein ist nur ein schmaler Bereich, abhängig von den Afferenzen aus dem eigenen Leib (Zoenästhesie) und aus der Umgebung (sensorischer Zustrom, Sozialsituation) und der Kapazität des psychophysischen Organismus (Metabolismus, Hirnfunktion, kognitive und affektiv-emotionale Kompetenz), externe Einflüsse und interne Aktivität sinnvoll, d.h. für Reaktionen, Intentionen, Willen, Handlungen und ihre Überwachung tauglich, zu verknüpfen.

Es gibt viele Einflüsse materieller und immaterieller Art, die den Menschen vorübergehend (temporär, episodisch, singulär, rezidivierend) oder dauerhaft in verschiedenem Grade aus dem „realitätstüchtigen" Tageswachbewusstsein heraus geraten lassen.

*Hirnstörungen* (allgemein, lokal): Z.B. Tumor, Entzündung, Durchblutungsstörung, Verletzung, Narbe(n), Entwicklungsstörungen, metabolische (Leber, Niere), endokrine (Hormone), toxische. Psychoaktive Substanzen (Psychedelika, Drogen, Halluzinogene). Höhenkrankheit, Taucherkrankheit.
*Störungen der Sinnesorgane,* ihrer Bahnen und Zentren, der *sensorischen Afferenz* (sensory overloading, sensory deprivation).
*Kognitive Störungen* i.w.S. von psychoorganischem Syndrom
*Affektive Schwankungen* (Angst, ekstatischer Zustand, Entrückung)
*Aktivität/arousal:* zu tief (Apathie, Adynamie, Inaktivität, Übermüdung), zu hoch (Übererregung, -aktivierung), bes. „dissoziierte Wachheit" (sich wach halten bei grosser Müdigkeit).
*Sozial-interpersonelle Einflüsse:* Isolation, Einzelhaft, Einsamkeit. Unklare, zweideutige, missverständliche Sozialsituationen. Bedrohliche Sozialsituation (einschliesslich Folter). Massenpsychologische Effekte.

*Störungen des Ich-Selbst*
Alle schweren Befindlichkeitsveränderungen (Stimmung und Antrieb) (in Richtung Depression, Angst, Manie).
Uneinheitliches, unharmonisches, dissoziiertes, desintegriertes Selbst (dissoziierte Identitätsstörung, d.i. multiple Persönlichkeit, schizophrene Syndrome, s. Ich-Psychopathologie)
Viele solcher Einwirkungen können kombiniert auftreten. Dann kippt das offene System Bewusstsein mit den Funktionen Realitäts- und Erfahrungsbewusstsein, welche Orientierung ermöglichen, aus einem funktionstauglichen Zustand in einen dysfunktionellen (d.h. kranken). Der Mensch gerät leicht aus dem schmalen Bereich der Funktionen des klaren mittleren Tageswachbewusstseins. Da reicht wenig schon zum Versagen dieser Funktionen – das heisst zum Scheitern der Tauglichkeit

zu selbständigem Leben.

„Psychose" bezeichnet jede Art schwerer psychopathologischer Syndrome; nicht nur Wahn (ob stimmungskongruent oder nicht) und schon gar nicht nur (wie es heute vielfach falsch gebraucht wird) schizophrene Syndrome mit Denk- und Ich-Störungen. Auch Dämmerzustände, Delirien, fugues, schwere Affektveränderungen (Manie, Depression, Angst, Wut, Triebdurchbrüche), ichentfremdete Trance mit Automutilationen sind psychotisch zu nennen. Psychose ist also keine nosologische Kategorie und kein einheitliches Syndrom, sondern nennt den Schweregrad einer Störung des Verlustes der elementaren, funktionell notwendigen Orientierungsfunktionen des Bewusstseins. Psychopathologie hat ihren „Ort" im Bereich der Abweichungen von den Funktionen des mittleren Tageswachbewusstseins.

Mit den Kriterien Bewusstseinsklarheit/-trübung und Ich-/Selbstbewusstsein (kohärent oder non-kohärent) kann man die Syndrome von Psychosen – unabhängig von ihrer Ätiologie (die multikonditional zustande kommt und oft im Einzelfall nicht eindeutig geklärt werden kann) – einteilen in:

- Psychosen *mit* Bewusstseinstrübung und/oder -verschiebung; Modelle: Delirium, Dämmerzustand.
- Psychosen *ohne* Bewusstseinstrübung und/oder -verschiebung: mit kohärentem Ich-Bewusstsein (*ego-kohäsive Syndrome*); Modell: depressive und manische Syndrome, mit und ohne Wahn und Halluzinationen.
  mit desintegriertem (dissoziiertem) Ich-Bewusstsein (*ego-nonkohäsive Syndrome*); Modell: schizophrene und schizophrenie-nahe Syndrome bei sog. Schizophrenien, Dissoziativer Identitätsstörung, anderen dissoziativen Syndromen.

Träume (auch induzierte Tagträume), Phantasien, Imaginationen, selbstgesteuerte Bewusstseinsveränderungen (z.B. in Meditation) oder suggestiv-hypnotisch induzierte Bewusstseinszustände und ihre Inhalte sind zwar bewusstseinspsychologisch interessant und für den Psychiater zur Differentialdiagnose wichtig, aber nicht Gegenstand der Psychopathologie von Psychosen.

## Scheitern im Blick auf Therapien

*Was heisst Therapie, woran setzt sie an?*
Therapie, von griechisch therapeuein, heisst sorgsam umgehen, pflegen, gut tun, dann heilsam wirken, in diesem weiten Sinne zur Gesundung beitragen. Erst später bekam die Bedeutung „gesund machen" das Gewicht, das das Wort Therapie heute in der Medizin und im Allgemeinverständnis hat.
Das Machen, Bewirken, Herbeiführen von Gesundheit ist der Anspruch, den Therapiepersonen an sich selber und Patienten als Repräsentanten der Gesellschaft an Therapeuten haben. In dem Prozess wurden Krankheiten zum Gegenstand von Kampf, Ausrottung, Vernichtung, die Therapeuten zu Kriegern. So aggressiv wie in der Bekämpfung von Seuchen und Krebsleiden trat der Machtanspruch der Heilberufe auf. Die Therapie-Experten bestimmen, was für Befindlichkeiten und Zustände als „Krankheiten" gelten und wie sie zu bekämpfen seien. Heute ist das gegenüber dem mündigen, mitentscheidenden Patienten abgemildert. Ein solches an der erfolgreichen somatischen Medizin bewährtes Denkschema vergass die alte Einsicht: medicus curat, natura sanat.
Für die Psychiatrie heisst das: Der Respekt vor der gewaltigen Komplexität der menschlichen Psyche, ihrem prekären Gleichgewicht, den psychophysischen Grundlagen im lebendigen Organismus ging in triumphalen Illusionen des Durchschauens, Verstehens, Erklärens – den „kognitiven" Grundlagen der Therapie (die um die interpersonellen und affektiven zu ergänzen wären) – verloren. Dies gilt für die Ideologien der Deutung in Hirnmythologien (Geisteskranken seien Hirnkrankheiten) um 1900. Dies gilt für die psychogenetischen Ableitungen aus sexuellen Komplexen und Abwehrvorgängen in der Psychoanalyse und

ihren Abkömmlingen. Es gilt auch für die soziogenetischen Deutungen der sozialkritischen Bewegungen, die in der Antipsychiatrie gipfelten. Jeweils blieben überzeugende Erfolge der aus den Ideologien abgeleiteten Therapien aus. Diese Entillusionierung zusammen mit neuen technischen Möglichkeiten leitet den Wechsel der Deutungsmodelle ein. Die Geschichte der Psychiatrie spiegelt die Wellenbewegungen der Deutungen von Geisteskrankheiten als Folge von Sünde (Heinroth), von irre geleiteten Leidenschaften (Esquirol, Ideler) bis zum Prinzip, alle psychischen Störungen seien Ausdruck von Hirnstörungen (Griesinger). Dem neuroanatomischen Paradigma folgte die Psychoanalyse mit dem Prinzip der Psychogenese und der Heilbarkeit durch psychische Einwirkung, Bewusstmachung durch Deutung. Die neurobiologische Deutungslinie führte zu Malariakur (J. Wagner von Jauregg), zur Dauernarkose (J. Klaesi), zu den provozierten zerebralen Anfällen (durch Elektroschock, Insulin, Cardiazol, Atropin u.a.). Inzwischen hatte sich in der Anaesthesie ein erstes Neurolepticum bewährt und fand Eingang in die Psychiatrie. Das gab den Anstoss für die Entfaltung der Psychopharmakologie – und mit ihr der Erforschung des zerebralen Stoffwechsels (Transmitter, Hormone). Solcher auf somatische Krankheitskonstrukte und chemische Einwirkungen sich stützenden Psychiatrie trat die sozialkritische Bewegung der Antipsychiatrie entgegen. Ihre Postulate nach einer Berücksichtigung der interpersonellen und sozialen Faktoren an Entstehung und Besserung von psychischen Leiden waren und sind richtig und wichtig. Leider gingen sie in den weltfremden Radikalformulierungen der Antipsychiatrie unter: Die Gesellschaft allein sei an den Leiden schuld und die Normalen seien die eigentlich Kranken. Dann lebte um 2000 mit den technischen Möglichkeiten nicht-invasiver Einblicke in Anatomie und Physiologie des Gehirnes bei verschiedenen mentalen Aktivitäten (decade of the brain) die neurobiologische Deutung, wie sie die Psychiatrie Jahrzehnte vor und nach 1900 beherrschte, wieder auf. Dieses Modell dominiert heute die tonangebende Psychiatrie. Dabei fehlt oft die kritisch-relativierende Reflexion auf die aus Tier- und Menschenhirnableitungen gewonnenen Befunde (s. Bennet & Hacker 2003, Janich 2009). Dem Gehirn werden dabei Aktivitäten zugeschrieben, wie zu Zeiten der Psychoanalyse dem Unbewussten: es weiss, will, strebt, widerstrebt, projiziert, introjiziert, hemmt, fördert etc. Das bio-psycho-soziale Krankheits- und Therapiemodell verkommt dabei oft zu einem Lippenbekenntnis. Die neurobiologische Psychiatrie muss ihren Anteil an einer seriösen humanen Heilkunde erst einbringen.

Der gewichtige Einfluss der Ökonomie, der Hypertrophie des Verwaltungsapparates und der Management-Organisation nicht nur von Institutionen (wie Kliniken), sondern auch der Diagnostik und Therapieregelung in Manualen führte auch zu einer Verschiebung der Perspektiven.

Einseitige Modelle sind Symptome von Ideologien, sie werden der lebendigen Vielfalt der psychophysischen Einheit Mensch nicht gerecht: sie scheitern. Ihr Scheitern ist schon im inadäquaten Denkansatz begründet.

Hier ist auch an Kraepelins Krankheits-System zu erinnern, seine Annahme, echte Krankheiten im Sinne von Einheiten der Ursache (anatomisch gedacht), Entstehung, Erscheinung im Quer- und Längsschnitt, Verlauf, Ausgang, Therapieansprechbarkeit „entdeckt" zu haben. Kraepelins Krankheiten sind nosopoietische Konstrukte, keine realen nosologischen Kategorien. Seine Dichotomie in „Dementia praecox" und „Manisch-Depressives Irresein" ist gescheitert (Scharfetter 2011). Sie wirkt aber weiter in den Diagnosen-Manualen ICD und DSM, die Störungsbilder (Syndrome) und Zuordnungskriterien dazu auflisten.

In manchen Bereichen ist die Diagnostik immer noch sehr problematisch: Dissoziative Störungen, besonders Dissoziative Identitätsstörung (Multiple Persönlichkeit), Borderline, Anpassungsstörungen, Autismus der Kinder und Erwachsenen, Aufmerksamkeits- und Impulsstörungen etc.

Patient – homo patiens, leidender Mensch – was macht einen Menschen in einer Lebenssituation in einer Kultur zum Patienten (Schipperges 1985)? Auf diese Frage gibt es jedenfalls keine einfache Antwort. Gerade bei den nicht-psychotischen psychischen Leiden (z.B. Ängste, Zwänge, Ess-Störungen, Süchten, leichten bis mittelschweren Depressionen, sogenannten psychosomatischen Leiden, Burn-out u.ä.) spielt das Gewicht der kulturell-zivilisatorischen Wertwelt von Maximierung, Macht, Schnelligkeit, Leistungsforderung, Reizüberflutung im Allgemeinen und Selbstanspruch eine grosse Rolle. Dazu kommt in den reichen Ländern Verwöhnung, Verweichlichung, Wehleidigkeit. Die Medikalisierung und Psychologisierung von Lebensschwierigkeiten und Befindlichkeitsschwankungen tut da eifrig bei der gesellschaftlichen Produktion von „Krankheiten" mit. In der Psychotraumatologie ist die unterschiedliche Balance von Vulnerabilität und Resilienz aufgrund konstitutioneller und biographisch-experientieller Erfahrungen zu berücksichtigen. Kinder aus Armut und Elend, Kindersoldatinnen, Kriegsvertriebene „wissen" anders um die Härte und Schwere des Lebens als verwöhnte, verweichlichte, vielleicht auch früh von Reizen und Angeboten überschwemmte, dabei gar emotionell deprivierte Wohlstandskinder, die bei Traumen zusammenbrechen und sich als invalid empfinden.

Bei den Ich-Krankheiten (Typ Schizophrenien) und den schwereren Stimmungs- und Antriebsschwankungen (depressive und manisch-depressive Gemütskrankheiten) ist das Zusammenwirken von konstitutioneller Disposition und biographischen Einflüssen (persönlichen und kulturellen) heutzutage zwar bedacht, aber nicht wirklich begriffen. Bei diesen Störungen („Krankheiten") ist das sichtbare klinische Bild als Resultat komplizierter Einflüsse, Erfahrungen der Einbrüche, des Versagens und der Reaktionen darauf zu studieren. Wir kennen die autotherapeutischen Geschehnisse im Organismus wenig. So wie der Immunologe, Infektiologe, Allergologe, Organtransplantierer, Onkologe die körpereigenen Abwehrreaktionen studieren muss, so sollte der Psychiater die Selbstrettungsanstrengungen zu erfassen versuchen. Ideler hat schon vor der Mitte des 19. Jahrhunderts gezeigt, wie z.B. Wahn als Abwehrreaktion, manchmal gar als Selbstrettung, verstanden werden kann. Die französischen „Moralisten" (s.z.B. Schalk 1995), Schriften von Goethe, Lichtenberg, Schopenhauer, Nietzsche enthalten viele Einsichten in die Werkstatt der Seele. Freud hat (ohne Kenntnis davon und Bezug darauf) Abwehrvorgänge im Unbewussten postuliert. Anna Freud hat diese später übersichtlich dargestellt. Die Verdrängung blieb der dominante Mechanismus. Die Erforschung solcher supponierter Vorgänge ist auf Deutungen angewiesen und erreicht nicht den epistemischen Status von falsifizierbarem oder konfirmierbarem Wissen.

*Was kann der Patient als Therapie annehmen?*
Was ist für einen Patienten Therapie? Was braucht er? Was kann er an Hilfen annehmen und für seine Besserung, bestenfalls Heilung gewinnen?
Der Therapeut erfährt aus den Symptomen, was der Patient verloren hat, nicht mehr kann, wieder gewinnen sollte. Die Symptome sind zu „lesen" nicht nur als zu einer diagnostischen Einordnung führende Zeichen, sondern auch als Kunde von:

- Der Betroffenheit und des sich daraus ergebenden Verhaltens.
- Was für Funktionen hat der Patient nicht mehr (z.b. Bewusstseinsklarheit, Wachheit, Realitätssinn, Orientierung, Emotionsregulierung, Affekt- und Impulskontrolle)?
- Bedürftigkeit: Was braucht er als Nothilfe und was in u.U. Langstreckenbetreuung?
- Der Autotherapeutik: Was hat der Patient an Selbsthilfepotential (autotherapeutisches, d.i. salutogenetisches Potential) und -strategien (Coping, Ressourcen)?

Therapeutische Ansprechbarkeit: Auf welcher Ebene der Existenz ist der Patient im gegenwärtigen Zustand zugänglich, ansprechbar (verbal, averbal, leiblich, nur mehr körperlich)?
Solchem Auffassen, „Lesen" von Symptomen, im Selbsterleben des Patienten, in der interpersonellen Sozialsituation und in der Perspektive der dritten Person („objektivierend"), sollte ein dem einzelnen Patienten angepasstes (individualisiert, d.h. noch nicht gerade „personalisiert", wie heute gängig) Therapieangebot folgen. Das heisst: der Therapeut muss auswählen und anbieten können, was dem Patienten zugute kommt, nicht was er in einer Schulrichtung (sei sie pharmakotherapeutisch oder psychotherapeutisch) gelernt hat. Sonst muss er den Patienten an einen kompetenten Therapeuten überweisen.
Jede Diagnostik und Therapie ereignet sich in einer interpersonellen Beziehung, einem Sozialkontext. Diese sollte von Vertrauen getragen sein und Hoffnung auf Hilfe, Wandlung, Besserung, Heilung wecken und bestärken (s. Frank 1991). Darin kann Realitätssinn wieder hergestellt werden: als realistische Auffassung der sachlichen und persönlichen Umwelt und als adäquate Selbsteinschätzung und Positionierung. Hierzu können Angst und Erregung, Depression und Manie

beeinflussende Psychopharmaka beitragen. Dann folgt die biographische Aufarbeitung und Einordnung des jetzigen Zustandes in die Lebensgeschichte. Die Bewusstheit von Selbst (Selbstwert, -kontrolle, -schutz, -grenze, Identität) und Umwelt (zwischenmenschlich, familiär, ökonomisch, ökologisch, beruflich) ist in vielen Perspektiven zu klären, sodass sie lebenswirksam werden kann in tauglicherem und stabilerem Coping.

Eine solche Skizze zur Therapie lässt bereits ahnen, wie viele Möglichkeiten des Scheiterns von Therapien es gibt. Wir können sie ordnen:

*Scheitern von Therapien - Patientenseite*

Unfähigkeit zur Beziehung und Mitteilung aus psychopathologischen, sprachlichen, kulturellen Gründen, kann eine Therapie unmöglich machen oder zum Scheitern bringen. Wenn der Patient in Stupor und Mutismus verharrt, „geistesabwesend" ist, in entrücktem Bewusstsein (Ekstase, Trance, dissoziierter Zustand), in Wahn, Halluzination, Misstrauen, Argwohn, Angst (Panik), Hass, so bleibt der Therapeut zu weit weg, kommt nicht an den Patienten heran. Manche Menschen sind so in Hass, Groll, arrogant-aggressivem Agieren, Entwertung, Macht- und Kontrollstreben festgefahren, dass sie sich auf eine potentiell heilsame Therapie nicht einlassen können. Dazu kommt oft Misstrauen, Neid und Eifersucht auf alle, die es vermeintlich leichter haben im Leben, die glücklich und erfolgreich zu sein scheinen. Solche Charakteristika des „malignen Narzissmus" (Kernberg 1975, 1984, 1997) erschweren, ja verunmöglichen eine fruchtbare Therapie. In anderen Fällen kann eine starke Tendenz der Aussenzuweisung (Externalizer) oder eine Unfähigkeit, inneres Geschehen, Konflikte, Gefühle zu erkennen und sprachlich mitzuteilen (Alexithymie), die Beziehungsmöglichkeiten einschränken. Resignative Selbstaufgabe („Giving-up-Syndrom"), appellatives Hilfeheischen ohne eigene Mitarbeit, ängstliche, beleidigt-unzufriedene, gehässige Beschuldigung aller anderen Menschen einschliesslich der Therapieperson kann den Zugang erschweren. Manche Patienten (z.B. mit Dissoziierter Identitätsstörung) treten weg in andere Teilpersönlichkeiten, in Trance, in Depersonalisation und sind dann zeitweise nicht erreichbar, der Beziehung entrückt. Schwer depressive Patienten können in sprachlose Qual versinken oder bis zur Erschöpfung brüllen.

Gelegentlich können Hebephrene in maniformem clowneskem Gehabe und zerfahrenem Gerede schwer zugänglich sein für eine wirksame Beziehungsaufnahme. Gemeinsames Tun in einfachen Arbeiten oder Gymnastik kann viel kohärentere Seiten eines solchen Kranken ins Spiel bringen. Das mildert die Angst und Verzweiflung in der Desintegration, die den Patient in solches Verhalten (Flucht, Zudecken, Überspielen, dem Ernst der Lage nicht standhalten) trieb.

Grotesk-plumpe Übersteigerung des „Psychotisch-Spielens" kann man bei dem (seltenen) Ganser-Syndrom von Häftlingen sehen. Wieviel Beine? Drei. Wieviel Finger? Auch drei. Wieviel Hände? Auch drei. Das Wetter (bei Sonnenschein im Sommer): Es schneit. Die Barriere solchen Verhaltens gegen einen interpersonellen Zugang ist gross. Ähnliches gilt für schwere Fälle vom Münchhausen-Syndrom, Selbstinduzierter Krankheit (facticious disorder), besonders wenn dies in dissoziierten Bewusstseinszuständen geschieht. Verhalten, das von Begehren nach Rente, materieller Busse bestimmt ist, ist oft so fixiert, dass diese Menschen schwer zugänglich sind.

Menschen, die eine Geschlechtsumwandlung wünschen (Gender dysphoria, Transsexuelle), sind oft so ausschliesslich auf das Thema fixiert (das Streben nach der Umwandlung wird lebensbestimmend, icherhaltend), dass sie gar keine anderen Zugänge zu ihrem Problem zulassen können.

Hier ist der psychodynamische Stellenwert von monothematischen Fixierungen angesprochen, der auch bei Fanatikern (in Religion, Politik, Erfindungen, Wissenschaft, Sport, bes. high risk), Menschen mit „überwertigen Ideen", unverrückbarer Opfer-Identität, Unfruchtbarkeit u.v.a. zu bedenken ist. Die Persönlichkeit scheint sich in solcher rigider Fixierung zu stabilisieren – eine gefährliche Disposition zum Scheitern: zuerst in der Verweigerung des Lebenswandlungsgeschehens, dann an der Aufgabe, veränderten Lebenskonstellationen funktionstauglich elastisch zu entsprechen.

*Scheitern von Therapien - Therapeutenseite*

Hier muss schon das Selbstverständnis des Therapeuten (ob nur implizit oder, besser, explizit) bedacht werden. Wie versteht er seine Rolle, seine Funktion, seine Aufgabe? Wie fügt er sich in die Rolle des Experten? Als Krankheitsbeherrscher, der die zum Objekt deklarierte Krankheit bekämpft? Sieht er sich als Gesundmacher, als mächtiger Heiler, sei es durch „wissenschaftliches" Wissen, sei es durch schamanische, magische, spirituelle Kräfte, die er zu meistern versteht?[31]

Ist der Therapeut bescheiden, selbstkritisch und sorgsam im Abwägen des Gewussten, Gemeinten, Gedeuteten, Vermuteten? Ein Scheitern in der Therapie kann im Nichtgelingen des Verstehens, Erklärens des Zustandes des Patienten begründet sein. Vom Krankheitsverständnis hängt ab, was der Therapeut glaubt bewirken zu können. Meint der

---

[31] Manche New-age-Heiler und Osho Rajneesh-Schüler bieten sich aufgebläht im Egotrip in Nachäffung von Schamanen, Gurus, spirituellen Meistern an.

Therapeut, er habe ein ich-fremdes Objekt „Krankheit" (morbus) zu bekämpfen, suprimieren, eliminieren (wie in der Somatik einen Fremdkörper, Parasit, Bakterium, Gewächs)? Hat der Patient eine Depression oder ist er depressiv – die Sprachwahl spiegelt verschiedene Auffassungen.

Ausbildung und Verständnis von psychischen Störungen, respektvolle Selbstrelativierung des Wissens, Erkennens, Verstehens, Bewirkens – sie beeinflussen die therapeutische Haltung. Dazu kommt die Persönlichkeit des Therapeuten: Wie viel von Allgemein-menschlichem, auch von des Therapeuten eigener Art oder Problematik spiegelt sich ihm im Patienten? Wie weit wirkt der Patient dem Therapeuten gar verwandt (und als solches bewusst) oder ferne, fremd, gar unheimlich (und Abwehr, Distanzierung, Ekel, Verurteilung provozierend)? Wie beziehungsfähig ist der Therapeut, angepasst an verschiedene Persönlichkeiten? Wie kann er sensibel Nähe und Distanz regulieren? Wie kennt und kontrolliert er sich, seine Gefühle, seine Empathie? Wie sorgsam respektiert er Grenzen, Grenzen des Privatissimum, des Innenlebens, der Diskretion, der Mutualität? Da liegen viele kritische Punkte möglichen Scheiterns. Wenn der Therapeut den Patienten braucht – zum Verständnis seines Eigenen, zum Tragen seiner Probleme, zu seinem Machtbedürfnis, seinem Prestige, Geld, Einfluss, so überschreitet er Grenzen, missbraucht die Therapie, scheitert als Therapeut. Von hier ist ein kleiner Schritt zum sexuellen Missbrauch, ob mit oder ohne Entgegenkommen des Patienten, ob mit Raffinement oder Gewalt oder von Gier unter dem Deckmantel von „Liebe" oder, noch schlimmer, als Therapie-Mittel (sogar noch mit Verrechnung).

Auch mühsame Therapien, wenig erfolgreiche Wandlungen des Patienten, können Anlass zum Scheitern werden: wenn der Therapeut ungeduldig wird, sich frustriert ärgert, dem Patienten Widerstand, negative Übertragung, Krankheitsgewinn, klebriges Schmarotzerwesen unterstellt oder gar vorwirft? Kann der Therapeut ausbleibenden Erfolg ohne Schuldzuweisung an den Patienten verkraften? Gibt er (implizit oder explizit eingestanden) seine Ohnmacht, wirksam zu helfen, zu? Harrt er dann trotzdem geduldig und hilfsbereit beim Patienten aus? Empathische Präsenz, geduldiges und einfühlsames Begleiten, ist gerade in der Langstreckenbetreuung über viele Jahre grundlegend.

Es gibt auch Gründe des Scheiterns, die in der Institution liegen – in deren Strukturen, im Team, Rivalitäten zwischen Berufsgruppen, Staffsplit, Besserungs- und Entlassungsdruck der Verwaltung, unterschiedliche Auffassung von Krankheit und Therapie, divergierende Gewichtung von Ursachen und Therapiemassnahmen.

Suizid – ist Suizid im Verlauf eines Therapie-Prozesses als Scheitern zu deuten? Sicher *nicht* so geradehin und absolut, so wenig wie die Selbsttötung nur als ein Scheitern der Lebensbewältigung aufgefasst werden darf. Die Selbsttötung bei einer schweren Ich-Krankheit (Zerfall, Auflösung des Ich-Bewusstseins, mit der entsprechenden Ich-Psychopathologie: Grenzauflösung, Zerfliessen, Beeinflussung, Steuerung von aussen etc.) kann und sollte als ein letzter ichhafter Akt der Selbsterlösung, ein letzter Akt der Autonomie und Autarkie anerkannt werden. Dies besonders, wenn der Patient diese Selbstdeutung entwickelt und dabei auch seine Erfahrung, dass niemand ihm entscheidend helfen konnte, einfliesst. Das Leiden kann unerträglich qualvoll sein (s. Selbstzeugnisse von Monique oben, S. 94). Auch bei anderen dauernd sehr belastenden Leiden, bei denen keine entscheidende Besserung zu erzielen ist, muss die Selbsttötung als Erlösung, Befreiung von unerträglicher Psychalgie, anerkannt werden (wie in anderen Kulturen aus Scham, Schuld).

Deshalb sollte ein Therapeut auch tolerant und verstehensbereit offen mit dem Patienten über Selbsttötungsantriebe reden, ohne die Tötung nur als Katastrophe für den Patienten und als Scheitern seiner therapeutischen Bemühungen anzusehen. Er wird Suizid weder befürworten noch in jedem Fall, prinzipiell, zu verhindern suchen (u.U. mit Zwangseinweisung), sondern als letztlich autonome (d.h. nicht gleich freie) Handlung des Patienten mit diesem zu klären versuchen. Suiziddrohungen können ein gewichtiges Machtmittel gegenüber Angehörigen und Betreuern sein. Die Rückgabe der Verantwortung an den Patienten kann ihn manchmal von seiner Besetztheit (Obsession) mit dem Thema Selbsttötung befreien („ich darf ja, wenn ich will").

# Schluss

Vom Scheitern betroffen ist immer ein Mensch, sind Menschen als intentional ein Ziel anstrebende oder als Autoren einer Handlung, eines Projektes, eines Werkes. Scheitern im Spektrum von Misslingen eines Unternehmens von peripherer Wichtigkeit bis zum Zusammenbruch des personalen Selbstseins in schweren psychischen Störungen ist eine stets gegenwärtige Möglichkeit im Gang des Lebens. Als Auslöser können sich subjektunabhängige Ereignisse mit selbstdeterminierten Unglücksfällen in verschiedenem Ausmass kombinieren. Die Persönlichkeiten sind nach ihrer Stabilität, Resilienz, Flexibilität, Resistenz oder Vulnerabilität, Labilität, Rigidität, nach ihrem Selbstbild, besonders der Selbstwerteinschätzung unterschiedlich betroffen. Schuldigkeit, Erniedrigung, Entwürdigung, Scham vor anderen oder vor sich selbst kann als existentiell erschütternde, gar zum Scheitern, zum Niederbruch führendes Erleben treffen. Aber die Menschen sind dafür sehr verschieden disponiert. Vom Subjekt hängt die relative Schwere eines zum Scheitern führenden Ereignisses ab. Es gibt aber psychotechnische Strategien, die (fast) jeden Menschen in den Zusammenbruch stürzen: die Folter, die Brain-washing-Methoden.

Akute Erschütterungen des Selbstsystems manifestieren sich klinisch sehr variabel, je nach Persönlichkeit und kulturellem Hintergrund. Chronische Kränkungen können zu Dauerveränderungen von Persönlichkeitscharakteristika führen. Die Psychotraumatologie hat sich als Spezialgebiet für Diagnostik, Psychologie, Neurobiologie und Therapie von Menschen im Scheitern entwickelt. In den Schizophrenien sehen wir das Zusammenbrechen, das Scheitern des Ich/Selbst-Systems, in den dissoziativen Störungen das Versagen der kohärenz-erhaltenden (synthetischen) Integration, in den Affektpsychosen das Versagen der

Emotions- und Antriebsregulation. Suizidalität darf nicht schematisch als Scheitern aufgefasst werden. Therapien können scheitern durch Bedingungen, die am Patienten liegen, oder durch Versagen aufseiten des Therapeuten.

# Nachwort

> Wie Splitter brach das Gebälk entzwei.
> Tand, Tand
> Ist das Gebilde von Menschenhand.
>
> Theodor Fontane, Die Brück' am Tay

Wieviel instabiles Menschenwerk, Werke der Technik sowohl wie Werke religiöser Konfessionen, philosophischer Denkgebilde, Wissenschaften zerbröckeln in seriöser Dekonstruktion, geleitet von ernsthafter Kritik als Unterscheiden von Bedeutungen, von implizierten Vorbedingungen in Form von Welt- und Menschenbildern, Perspektiven und Methoden, Wortverwendung? Waches genaues Hinschauen, Untersuchen, Prüfen ist die Aufgabe der Skepsis (griechisch von skopein). Wieviel scheinbar Grosses, in der Selbststilisierung der Autoren wie in der Idolisierung der Verehrer, die nach „Objekten" der Bewunderung dürsten, schrumpft da zu kleineren Massen. Die Sicht auf die allgemein menschliche Begrenztheit rückt die Proportionen zurecht, holt die Idole vom Sockel. Schmutziges, Elendes, Böses unter dem gleissenden Mantel grandioser Selbstpräsentation zu entlarven, baut heilsam Illusionen über Werke und ihre Autoren ab.

Das Ziel ist aber nicht die Destruktion, Zerstörung und Entwertung. Vielmehr will ernsthafte Dekonstruktion die Kristalle im Schotter suchen, Gold und Edelsteine in Sand, Lehm, Schmutz. „Niedrige" Matrix birgt Kostbares, Mist wird Dünger für fruchtbares Wachstum. Pilze, Blumen werden zur Metapher von „Geistesblüten".

Die gilt es frei zu legen. Dazu muss Schein, Atrappe, Gehabe, Grandiositätsgebaren abgebaut werden, zersplittern. Im besten Fall bleibt dann der stabile Kern. Der ist einfach. Der Kern der Religionen „ist" die selbstrelativierende Einbettung des Menschen in das ihn unendlich überschreitende (leere, weil gestaltlose) Alleine und die Regelung des Zusammenlebens in der Gemeinschaft des Lebendigen auf der „Mutter" Erde. Kernthemen der Philosophien „sind" die selbstrelativierende Position des Menschen im Kosmos, das Erkenntnisvermögen, seine Voraussetzungen und Beschränkungen, das Offenhalten des Bewusstseinshorizontes auf Woher, Wohin, Wozu und die Ethik. Die Aufgabe der Wissenschaften ist das Klären des Wissbaren, seiner epistemischen, begrifflichen, konzeptuellen, anthropologischen Voraussetzungen im nie abgeschlossenen Prozess des Forschens, Prüfens, Deutens.

Auch da müssen jeweils gesichert scheinende Ergebnisse scheitern[32]: dekonstruiert, modifiziert, aufgegeben werden. Die ängstliche Abwehr des Scheiterns wäre das Ende echten Forschens. Dieses, ein Wagnis, impliziert die Möglichkeit des Scheiterns. Dann wird im besten Fall das Feld frei für neue Fragestellungen, Perspektiven, Methoden.

Die kritisch-skeptische Haltung darf vor dem Eigenen nicht halt machen. Wer denkt mit welcher Kapazität, Kompetenz über das Scheitern nach (auch wenn der Anstoss in Form eines Auftrages für eine Fortbildungsveranstaltung von aussen kam), lässt sich auf das Thema ein, auch wenn Psychopathologie und Therapie als Blickfelder vorgesehen waren? Welche Erfahrungen von kleinen und grossen Ereignissen des Scheiterns, an sich selbst und an Anderen, berechtigt zu solchen Fragestellungen und Antwortversuchen? Dekonstruktion als Abbau von Atrappen, vom Schein, vom idiosynkratischen Projizieren des Eigenen, vom Glitzerschein von Wortspielen, mag manchen Adepten „grosser" Autoren als maligne Idolo- und Ikonoklasie (Zerstörung von Leitbildern) erscheinen, als hart, unduldsam, ungütig. Unter den Forderungen

---

[32] S. das Falsifikationspostulat von Popper.

nach Duldsamkeit, Verzeihung, allliebender Versöhnung versteckt sich oft grausamer dogmatischer Orthodoxieanspruch und Machtstreben und/oder die eigene uneingestandene Bedürftigkeit nach solcher Schuldtilgung unter dem Gewissensdruck.

Was nach der Prüfung ernsthafter Skepsis bestehen bleibt – das ist das Kostbare, das weiter wirken sollte. Mag es da den Verehrern von Idolen ein Trost sein: „Die schlechtesten Früchte sind es nicht, an denen die Wespen nagen". (G.A. Bürger 1786, Trost). „Nagen" ist das Stichwort: Skepsis kann beissend, scharfzüngig, „spitzfedrig" daher kommen. Wespen bringen keinen Honig (dessen Süsse den kritischen Verstand einlullte).

In dem Sinn verstehe ich Skepsis unter dem Motto von Milarepa, dem tibetischen Heiligen (um 1000 n.Chr.), der an das Unterscheiden mahnte:

*Der wahre Aufgang der vollkommenen Leere –*
*und täuschende Gebilde des Bewusstseins –*
*sie beide scheinen gleich –*
*doch hüte dich und lerne unterscheiden.*

*Die Bilder aus der tiefsten Einschau Fluten –*
*Die feste Meinung über Recht und Wahrheit nur:*
*Wie ähnlich scheint es; achte scharf, fall nicht in Trug.*

So mag denn dieser Text in seiner Gestalt stehen.
In leichter Abwandlung (Konjunktiv statt Indikativ) steht dafür der lateinische Spruch: habeant sua fata libelli.

## Literatur

Aschaffenburg, G. 1906. Die Beziehungen des sexuellen Lebens zur Entstehung von Nerven- und Geisteskrankheiten. Münchner Medizinische Wochenschrift, 53, 1793-1798.

Bair, D. 2005. C.G. Jung. Eine Biographie. München, Knaus.

Bennet, M.R., Hacker, P.M.S. 2003. Philosophical foundations of neuroscience. Malden, Blackwell.

Bleuler, E. 1908. Die Prognose der Dementia praecox. Allgemeine Zeitschrift für Psychiatrie und psychisch-gerichtliche Medizin, 65, 436-464.

Bleuler, E. 1911. Dementia praecox oder Gruppe der Schizophrenien. In: Handbuch der Psychiatrie, hg. von G. Aschaffenburg, B. Spezieller Teil, 4. Abt., 1. Hälfte. Leipzig, Franz Deuticke.

Bleuler, E. 1914. Verhältnisblödsinn. Allgemeine Zeitschrift für Psychiatrie und psychisch-gerichtliche Medizin 71 (1914), Heft 4/5, 537-586.

Breger, L. 2000. Freud. Darkness in the midst of vision. New York, Wiley.

Ciompi, L. 1982. Affektlogik. Stuttgart, Klett-Cotta.

Ciompi, L. Endert, D. 2011. Gefühle machen Geschichte. Göttingen, Vandenhoeck & Ruprecht.

Dschuang, Dsi. 1920. Das wahre Buch vom südlichen Blütenland. Übersetzt von R. Wilhelm. Jena, Diederichs.

Duden. 1963. Etymologie. Mannheim, Dudenverlag.

Ellenberer, H.F. 1970. The discovery of the unconscious. The history and evolution of dynamic psychiatry. New York, Basic Books. Deutsch 1996. Bern, Huber.

Engel, G.L. 1980. The clinical application of the biopsychosocial model. American Journal of Psychiatry. 137, 535-544.

Fahrenberg, J. 2002. Psychologische Interpretation. Bern, Huber.

Fairbairn, Wdr. 1963. Synopsis of an object-relations theory of the personality. International Journal of Psychoanalysis. 44, 224-5.

Fichte, J.G. 1972. Über den Begriff der Wissenschaftslehre. Stuttgart, Reclam. Orig. 1794.

Figal, G. 1999. Martin Heidegger. Hamburg, Junius.

Fischer, A.M. 2008. Martin Heidegger. Der gottlose Priester. Zürich, Rüffer & Rub.

Foucault, M. 1974. Die Ordnung der Dinge. Frankfurt a.M., Suhrkamp. Orig. 1966. Les mots et les choses.

Frank, J.D. Frank J.B. 1991. Persuasion and Healing. 3rd edition. Baltimore, The Johns Hopkins University Press.

Franz, M.L. von. 1996. C.G. Jung. Leben, Werke, Visionen. Düsseldorf, Patmos.

Freud, Anna. (o.J.) Das Ich und die Abwehrmechanismen. München, Kindler. Orig. 1936.

Freud, S. 1952. Gesammelte Werke. Frankfurt a.M., Fischer.

Freud, S., Andreas-Salomé Lou. 1966. Briefwechsel. Hg.v. E. Pfeiffer. Frankfurt a.M., Fischer.

Gay, P. 1988. Freud. New York, Norton.

Gay, P. 1993. The cultivation of hatred. New York, Norton.

Gicklhorn, J. u. R. 1960. Sigmund Freuds akademische Laufbahn im Lichte der Dokumente. Wien, Innsbruck, Urban & Schwarzenberg.

Gödel, K. 1931. Über formal unentscheidbare Sätze der Principia Mathematica und verwandte Systeme. Monatshefte für Mathematik und Physik 1931, 38, 173-198.

Griesinger. 1845. (1861). Die Pathologie und Therapie der psychischen Krankheiten. Stuttgart, Krabbe.

Grosskurth, Ph. 1993. Melanie Klein. Ihre Welt und ihr Werk. Stuttgart, Verlag Internationale Psychoanalyse.

Grünbaum, A. 1988. Die Grundlagen der Psychoanalyse. Stuttgart, Reclam. (orig. 1984)

Han, B.C. 1996. Heideggers Herz. München, Fink.

Han, B.C. 1999. Martin Heidegger. München, Fink.

Heidegger, M. 1983. Die Grundbegriffe der Metaphysik. Bd. 29/30 der Gesamtausgabe, II. Abteilung: Vorlesungen 1923-1944. Hg.v. F.W. von Herrmann. Frankfurt a.M., Klostermann.

Herwig, H.J. 1969. Therapie der Menschheit. Studien zur Psychoanalyse Freuds und Jungs. München, List.

Ideler, K.W. 1835, 1838. Grundriss der Seelenheilkunde. 2 Bände. Berlin, Enslin.

James, W. 1890. Principals of psychology. New York, Holt.

Janich, P. 2009. Kein neues Menschenbild. Zur Sprache der Hirnforschung. Frankfurt a.m., Suhrkamp.

Jaspers, K. 1913. Allgemeine Psychopathologie. Berlin, Springer.4. Aufl. 1946. Seither Neudrucke.

Jaspers, K. 1956. Philosophie. 3 Bände. 2. Aufl. Berlin, Springer. 1. Aufl. 1932.

Jaspers, K. 1979. Notizen zu Martin Heidegger. Hg.v. H. Saner. München, Piper.

Jung, C.G. 1972. Briefe 1906-1945. Olten, Walter.

Jung, C.G. 2009. Das Rote Buch. Hg.v. S. Shamdasani. Düsseldorf, Patmos.

Kernberg, O. 1975. Borderline conditions and pathologic narcissism. New York, Aronson.

Kernberg, O.D. 1972. Aggression in personality disorders and perversions. New York, Yale University Press.

Kernberg, O.F., 1984. Severe personality disorders. New Haven, Yale University Press.

Kierkegaard, S. 1971. Werkausgabe in 2 Bänden. Düsseldorf, Diederichs.

Klee, E. 2001. Deutsche Medizin im Dritten Reich. Darin: 9. Bereit, nach Kräften zu verdrängen. Psychoanalytiker vor und nach 1945. zu Jung S. 199. Frankfurt a.M., Fischer.

Kleist, H.v. 1982. Michael Kohlhaas. Stuttgart, Reclam.

Kraepelin, E. 1909. Psychiatrie. 8. Aufl., 4 Bände. Leipzig, Barth.

Literatur

Kretschmer, E. 1918. Der sensitive Beziehungswahn. Berlin, Springer.

Kunz, H. 2009. Gesammelte Schriften. Hg.v. J. Singer. 3 Bände. Frauenfeld, Huber.

Laing, R. 1976. Das geteilte Selbst. Reinbeck. Rowohlt. (orig. 1960).

Lao Tse. 1921. Tao te king. Übersetzt von R. Wilhelm. Jena, Diederichs.

Lao Tse. 1955. Hg. von Lin Yutang. Frankfurt a.M., Fischer.

Lilienfeld, S.O., Fowler K.A., Lohr, J.M. Lynn St.J. 2005. Pseudoscience, nonscience and nonsense in clinical psychology: dangers and remedies. p. 186-218. In: Wright, R.H., Cummings, N.A. (Ed.) 2005. Destructive trends in mental health. New York, Routledge.

Lilienfeld, S.O., Lynn, S.J., Lohr, J.M. (Eds.) 2003. Science and Pseudoscience in Clinical Psychology. New York, Guilford.

Linden, M., Märker, A. (Ed.) 2011. Embitterment. Wien, Springer.

Löwith, K. 1984. Heidegger-Denker in dürftiger Zeit. In: Sämtliche Schriften, Bd. 8. Stuttgart, Metzler. Erstveröffentlichung 1953.

Marcuse, L. 1956. Sigmund Freud. Hamburg, Rowohlt.

Masson, J.M. 1991. Die Abschaffung der Psychotherapie. Darin: S. 125-155. C.G. Jung und die Nazis. Jungs Psychotherapie. München, Bertelsmann. Orig. 1988.

Michelson, L.K., Ray, W.J. (Ed.) 1996. Handbook of dissociation. New York, Plenum.

Milarepa. 1978. Tibets Grosser Yogi. Hg. v. W.Y. Evans-Wentz. München, Barth.

Miller, G.A. 2010. Mistreating psychology in the decades of the brain. Perspectives on psychological science. 5 (6), 716-743.

Moskowitz, A., Schäfer, J. Doraly M.J. 2008. Psychosis, trauma and dissociation. Chichester, Wiley-Blackwell.

Nietzsche, F. 1988. Kritische Studienausgabe. Hg. v. G. Colli und M. Montinari. Berlin, de Gruyter.

Nietzsche, F. 2001 Lexikon der Nietzsche-Zitate. Hg. v. J. Prossliner. München, Kastell.

Nyanaponika, 1970. Geistestraining durch Achtsamkeit. Konstanz, Christiani.

Onfray, M. 2011. Anti Freud. München, Knaus.

Otto, R. 1963. Das Heilige. München, Beck. Orig. 1917.

Popper, K. 1965. Conjectures and refutations. 2nd ed. London, Routledge.

Rancière, J. 1994. Eine uralte Schlacht. Die Sprache der Tatsachen und die Poetik des Wissens. Neue Rundschau 1994, 105, Heft 1, 21-30.

Roazen, P. 1977. Sigmund Freud und sein Kreis. Zürich, Ex Libris. (Orig. 1971).

Rupnow, D. et al. 2008. Pseudowissenschaft. Frankfurt a.M., Suhrkamp.

Russel, B. 1992. Human knowledge. London, Routledge.

Russel, B. 1992. Sceptical Essays. London, Routledge.

Safranski, R. 1994. Ein Meister aus Deutschland. Heidegger und seine Zeit. München, Hanser.

Sargant, W. 1957. Battle for he mind. New York, Combleday.

Schalk, F. 1995. Französische Moralisten. Zürich, Diogenes.

Scharfetter, C. 1995. Schizophrene Menschen. 4. Aufl. Weinheim, Psychologie Verlags Union.

Scharfetter, C. 1999. Dissoziation – Split – Fragmentation. Nachdenken über ein Modell. Bern, Huber.

Scharfetter, C. 2000. Was weiss der Psychiater vom Menschen? Bern, Huber.

Scharfetter, C. 2003. Wahn im Spektrum der Selbst- und Weltbilder. Sternenfels, Verlag Wissenschaft & Praxis.

Scharfetter, C. 2006. Leben ohne Ich. Lebendig - tot. Die Sprache der Non-Existenz im schizophrenen Leiden. Zürich, Editions GmbH

Scharfetter, C. 2008. Ego-fragmentation in schizophrenia: a severe dissociation of self-experience. In (ed.): Moskowitz A., Schäfer I., Dorahy M.J.: Psychosis, trauma and dissociation. 51-64. Chichester, Wiley-Blackwell.

Scharfetter, C. 2009. Vom Lebensleid zu psychischen Krankheiten. Sternenfels, Verlag Wissenschaft und Praxis.

Scharfetter, C. 2010. Allgemeine Psychopathologie. 6. Aufl. Stuttgart, Thieme.

Scharfetter, C. 2011. Spurensuche in der Psychopathologie. Sternenfels, Verlag Wissenschaft und Praxis.

Scharfstein, B-A. 1980. The philosophers. Their lives and the nature of their thought. Oxford, Blackwell.

Schipperges, H. 1985. Homo patiens. München, Piper.

Schmideberg, M. 1959. The borderline patient. In: American Handbook of psychiatry. S. Arieti (Ed.) Vol.1, p. 398-416. New York, Basic books.

Schreber, D.P. 1903. Denkwürdigkeiten eines Nervenkranken. Leipzig, Mutze.

Seligman, M.E. 1972. Learned helplessness. Annual Review of Medicine, 23, 409-412.

Shorter, E. 1999. Geschichte der Psychiatrie. Berlin, Fest. orig. 1997.

Solschenizyn, A.J. 1974. Der Archipel Gulag. Hamburg, Rowohlt.

Stegmaier, W. 2008. Philosophie der Orientierung. Berlin, de Gruyter.

Stern, P.J. 1977. C.G. Jung. Prophet des Unbewussten. München, Piper.

Stoll, O. 1894. Suggestion und Hypnotismus in der Völkerpsychologie. Leipzig, Köhler.

Sulloway, F.J. 1979. Freud. Biologist of the mind. Beyond the psychoanalytical legend. New York, Basic Books.

Thomä, D. (Hg.) 2003. Heidegger Handbuch. Leben – Werk – Wirkung. Stuttgart, Metzler.

Wasserzieher, E. 1963. Woher? Bonn, Dümmler.

Wehr, G. 1988. C.G. Jung. Leben, Werk, Wirkung. Zürich, Diogenes.

Wiesenhütter, E. 1974. Freud und seine Kritiker. Darmstadt, Wissenschaftliche Buchgesellschaft.

Winnicott, D.W. 1965. Ego distortion in terms of true and false self. London, Hogarth Press.

Wittgenstein, L. 1988. Philosophische Untersuchungen. Frankfurt a.M., Suhrkamp.

Wittgenstein, L. 1989. Tractatus logico-philosophicus. Frankfurt a.M., Suhrkamp.

Wittgenstein, L. 1989. Über Gewissheit. Frankfurt a.M., Suhrkamp.

Young-Bruehl, E. 1995. Anna Freud. Wien, Wiener Frauenverlag.

Zaborowski, H. 2010. Eine Frage von Irre und Schuld? Martin Heidegger und der Nationalsozialismus. Frankfurt a.M., Fischer.

# Index

Achtsamkeit 56
Affektkrankheiten 75
Anorexie 74
Anpassungsstörungen 72
Caesarenwahn 17
Dekonstruktion 19, 145
Denken 20
Descartes 26
Dissoziation 77, 80
Dissoziative Störungen 77, 86
Embitterment 67
Emotionsregulation 75
Entwicklung 16, 74
Folter 15
Freud 32, 37, 45, 54
Hegel 28
Heidegger 29, 54
Hitler 17
Ich-Psychopathologie 78, 90
Jung 38, 46
Kant 27, 54
Kausalmodelle 69, 71, 132
Klein 41
Krise 14
Kritik 19, 47, 53, 145
Morbidität, psychophysische 71

Philosophie 11, 146
Pseudowissenschaft 47
Psychoanalyse 33, 36
Psychose 126
Psychotraumatologie 68
Religion 42, 145
Scheitern 9, 61, 101
   Disposition 63, 65, 139
   Folgen 66
   Gründe 14
   Hilfen 68
   Risiko 13
   Verarbeitung 67
   Wirkung 66
   Wortbedeutung 9
Schizophrenien 77, 89, 90
Selbst 23, 64, 103
Skepsis 20, 52, 145, 147
Suggestion 36
Suizid 125, 141
Therapie 131
Verbitterung 67
Verhältnisblödsinn 16
Wissen 43, 146
Zerfallspsychosen 77, 90

# Weitere Bücher von Prof. Dr. Christian Scharfetter

## Spurensuche in der Psychopathologie
### Tracing Constituents of Psychopathology

2011, 376 S., fester Einband, mit zahlreichen z.T. farbigen Zeichnungen und Abbildungen, € 38,00
ISBN 978-3-89673-582-9

Spurensuche in der Psychopathologie heißt, nach den kulturhistorischen Vorbedingungen von Ideen, Vorstellungen, Denkmodellen, Begriffen, Theorien, Methoden, Krankheitskonstruktionen, Aetiologiemodellen und Interpretationen in der Psychiatrie zu fragen. Dabei wird die Vielfalt der Einflüsse aus Philosophie, Anthropologie, Ethnologie, Religionen, Psychologie, Soziologie, Biologie mit Anatomie und Physiologie, spez. Neurowissenschaften deutlich.
Der Weg des Suchens war lang für den Kliniker, Forscher, Lehrer, führte durch viele Länder mit fremden Völkern und Sitten, eigenen Auffassungen vom Menschen, von Krankheiten und ihrer Heilung (Schamanismus). Spuren der Begegnungen mit vielen Menschen, Heilern und Heilungssuchenden zeigen sich auch in den beigegebenen Zeichnungen des Weltenwanderers, unter dem Motto: **"Vademecum Hermes"**.

## Ekstase – Sophrosyne
### Ausser-sich-Sein – Gefasste Besonnenheit

2008, 76 S., € 16,00 ISBN 978-3-89673-471-6

In der Ekstase (Ausser-sich-Sein) ist ein Mensch aus dem Alltagsbewusstsein mit dem Ich/Selbst-Erleben und den kognitiven Funktionen (Orientierung in Raum, Zeit, Kausalität, Logik, Realitätsbezug etc.) heraus geraten, mit vielen möglichen Gefühlen. Zum Bedeutungshof gehören andere veränderte Wachbewusstseinszustände (Trance, Besessenheit, Rausch i.w.S.). Hier werden die Bedeutungen, die Begrifftraditionen, die Phänomenologie dargelegt und die Frage nach der Persönlichkeit von ekstasedisponierten Menschen in ihrem jeweiligen kulturellen Kontext erörtert. Dem Ausser-sich-Sein wird Gefasstheit, Besonnenheit, Gelassenheit gegenüber gestellt.

## Psychopathologie
### Sinn • Ernte • Aufgabe

2008, 128 S., € 18,00 ISBN 978-3-89673-443-3

Psychopathologie hat das Menschengemeinsame von gesund und krank im Auge. Die Philosophie klärt Wissen und Wissensgewinn, Perspektiven und Methodik, differenziert Erkennen, Deuten, Verstehen, Erklären. Die Ethik der helfenden Fürsorge bewegt zum Fragen nach den Entstehungsbedingungen von psychopathologischen Manifestationen und deren therapeutischer Beeinflussbarkeit. Die Anthropologie klärt das Menschenbild und die Vorstellungen von der Psyche. Die Historik zeigt die Entwicklung der Konzepte.

## Das Ich auf dem spirituellen Weg
### Vom Egozentrismus zum Kosmozentrismus

2008, 2. Aufl., 152 S., € 18,00 ISBN 978-3-89673-442-6

Die Erfahrung der Existenz mit ihren Grenzsituationen ist der Ausgangspunkt für den Aufbruch der Bewusstseinsentfaltung zu personenüberschreitenden und damit transpersonalen Horizonten. Spiritualität wird als grundsätzliche Lebensorientierung mit entsprechender Ethik universaler (auch ökologischer) Verantwortlichkeit aufgefasst. In dieser Bewusstseinsentfaltung wird eine weite Strecke geleistet: das Bild vom (spirituellen) Weg. Auf diesem Weg, versinnbildlicht im Bild einer großen Wanderung, kann das Ich sich aus der egozentrischen Position heraus entwickeln zum Bewusstsein, dass das einzelne Individuum ein verschwindend kleiner Partikel in einem unendlich individuums-überschreitenden Kosmos (Absoluten, Übergreifenden, All-Einen) ist, dort aber aufgehoben. Auf diesem Weg lauern manche Gefahren für das Ich, Selbst, Krisen von sehr unterschiedlichem Ausmaß bis zu psychopathologischen Manifestationen (Psychosen) können auftauchen und erfordern eine sorgfältige Analyse als Vorbereitung für die Therapie.

## Vom Lebensleid zu psychischen Krankheiten
### Auf den Spuren der „Assoziation" von Syndromen zu psychischen Krankheiten (Nosopoiesis) und ihrer „Dissoziation" in multiple „Störungstypen"

2009, fester Einband, 250 S., € 28,00
ISBN 978-3-89673-510-2

Spurensuche in der Kulturgeschichte der Psychiatrie: psychische Krankheiten sind kulturelle Konstruktionen, entsprechend auch ihre Begründung in Seele, Gehirn, Gesellschaft und die Behandlungsvorschläge zwischen Geistheilen und Gehirnchemie und -chirurgie. Vorstellungen, Begriffe, Wissen , die Achtung vor der Würde, die Ethik des Denkens und Handelns sind zu befragen. Erst als Körper und Seele als getrennte Naturen aufgefasst wurden, konnte man von Seelenkrankheiten reden. Dies rief die Frage nach ihrer Verbindung (Assoziation) auf; wo die ausblieb, wurde Spaltung (Dissoziation) angenommen. Die Abtrennung von psychischen Funktionseinheiten legt die Grundlage für die Krankheitskonstruktion.

**Besuchen Sie uns auf unserer Homepage:**
**www.verlagwp.de**

MIX
Papier aus verantwortungsvollen Quellen
Paper from responsible sources
FSC® C105338

Printed by Libri Plureos GmbH
in Hamburg, Germany